TAPAS

TAPAS

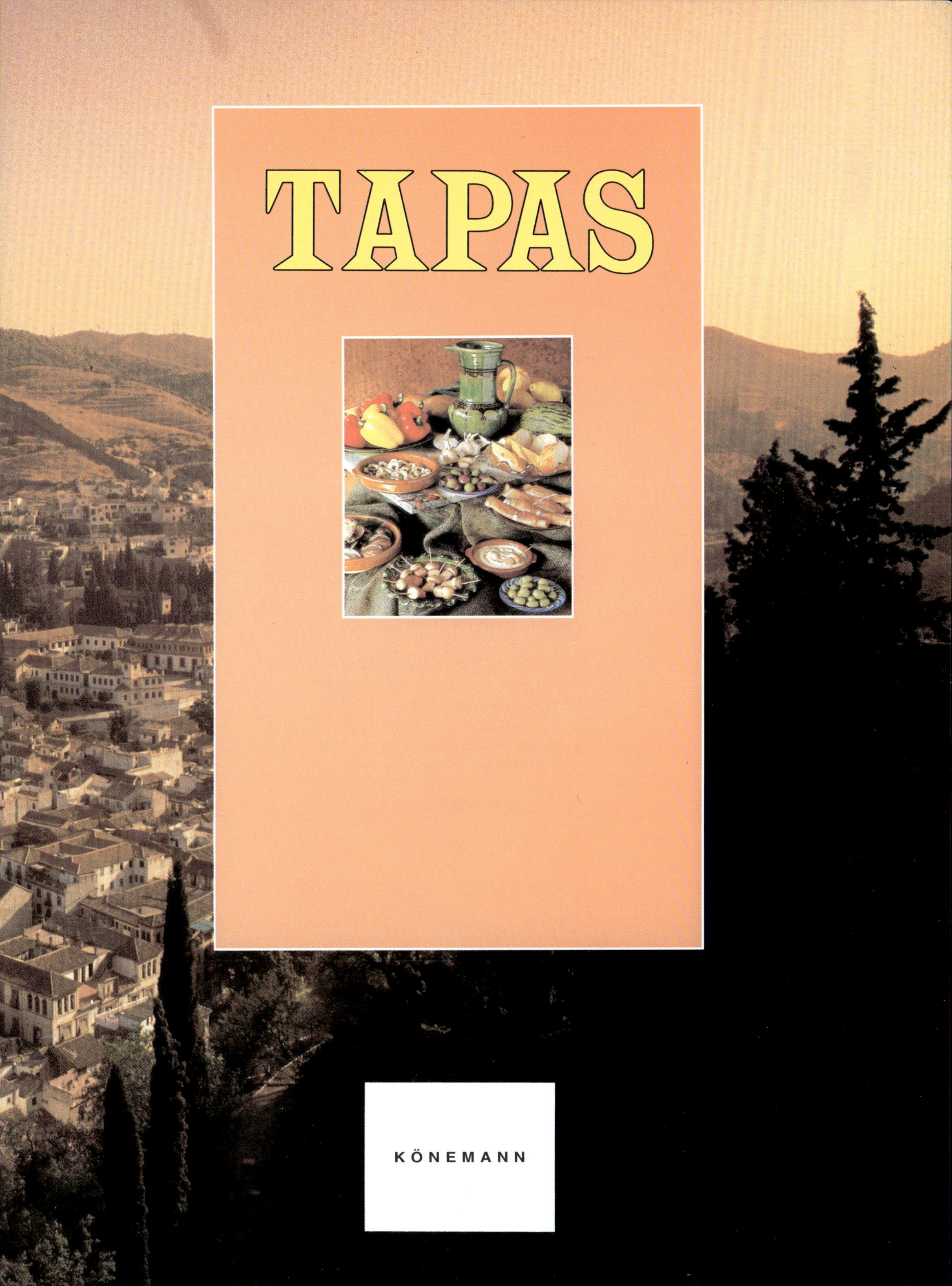

KÖNEMANN

Titre original : *Tapas*

Cet ouvrage est un format réduit du même titre paru aux éditions Könemann.

Traduction de l'anglais : Delphine Nègre
Rédaction et lecture : Joëlle Ribas
Mise en page : Atelier Lauriot Prévost, Paris
Fabrication : Ursula Schümer
Impression et reliure : Midas Printing Limited
Imprimé à Hong Kong

ISBN 3-8290-4816-5

10 9 8 7 6 5 4 3 2 1

Sommaire

Tapas variées à Séville

Les **TAPAS** sont indissociables du train de vie espagnol. Du plus petit hameau andalou à Madrid ou Barcelone, le bar à tapas est le point de rencontre de chaque communauté. Le développement des communications entre les pays a favorisé les échanges culturels, notamment dans le domaine des arts culinaires, et on trouve aujourd'hui les tapas bien au-delà des frontières espagnoles.

L'origine des tapas reste controversée, mais l'on peut affirmer avec certitude qu'elles ont été de tout temps servies avec du xérès, une spécialité andalouse. Il semblerait qu'à l'origine, une tranche de jamón serrano (jambon fumé) était servie posée sur un verre de xérès afin d'en écarter les mouches. En outre, le mot tapa signifie couvercle en espagnol. Au fil du temps, la variété des accompagnements s'est développée pour constituer celle que l'on trouve aujourd'hui en Espagne.

La Mezquita de Cordoue, église du XVIe siècle construite à l'intérieur d'une mosquée du VIIIe siècle

Les tapas sont comparables aux hors-d'œuvre, mais ne sont pas régies par les mêmes lois et sont très difficiles à définir. Il en existe de toutes tailles et de toutes formes et elles font parfois office de plat séparé au cours d'un repas. Quoi qu'il en soit, les

La queue s'allonge devant l'étalage de chorizo et de jamón serrano

tapas forment un mets à part entière ; en grande quantité, elles constituent un repas, en petite quantité, elles servent d'amuse-gueules pour l'apéritif. Elles sont solides ou liquides ; une soupe, en effet, peut être considérée comme une tapa. Avec ou sans sauce, complexes ou simples, elles intègrent tous les ingrédients inimaginables, des légumes au

Point de vue depuis Ronda

poisson, en passant par la viande, les crustacés et les coquillages. Elles offrent une immense variété de couleurs et de parfums et s'adaptent à tous les palais.

Suivant une tradition ancestrale, le rituel des tapas, pour l'Espagnol, fait partie de sa vie quotidienne. Dès onze heures du matin, il se rend à son bar à tapas favori pour y déguster un xérès frais, une bière glacée et des tapas, et, bien sûr, pour bavarder. Ce rituel se répète entre cinq heures et neuf heures du soir - ou plus tard - en supplément des repas ordinaires pris dans la journée.

Un bon bar à tapas est une véritable caverne d'Ali Baba pour les gourmets. Le long du comptoir, s'aligne un assortiment de fromages, crevettes, crabes, coquilles Saint-Jacques, poulet à l'ail, tortilla et patatas bravas. Au plafond sont suspendus les jambons serrano (fumés dans la Sierra Nevada), dotés à leur base d'une tasse en métal destinée à recueillir la graisse. Sur le mur du fond, des bouteilles de vin rouge poussiéreuses s'entassent. Au petit matin, le sol sera jonché de serviettes en papier, de noyaux et de miettes, témoins du caractère informel, versatile et décontracté de la cuisine à base de tapas.

La Giralda de Séville.
Les palmiers offrent un agréable refuge sous le soleil de midi.

Les tapas simples, comme le chorizo, les olives ou la salade de pommes de terre aux anchois, peuvent être préparées à l'avance et conservées au frais, avant d'être servies comme amuse-gueules entre les repas, avec un verre de vin en début de soirée ou en guise de dîner tardif. Mais on les consomme surtout au moment de l'apéritif; quelques

Petite rue de Ronda

anchois marinés, des calamars frits ou du fromage de chèvre à l'estragon et à l'ail stimuleront le palais sans alourdir l'estomac.

L'été, les tapas égaieront les pique-niques et ajouteront une touche originale aux barbecues : épis de maïs grillés au beurre d'ail, côtelettes d'agneau marinées, brochettes ou grosses crevettes à l'aïoli. Pour une note sophistiquée, préférez les huîtres Bloody Mary, ou les coquilles Saint-Jacques au crabe et au citron vert. Les huîtres doivent être chauffées juste un peu sur le grill jusqu'à ce qu'elles s'ouvrent, détachées, garnies de sauce et dégustées... avec du champagne !

Les tapas font également le bonheur des végétariens, car peu d'entre elles se composent de viande ou de ses dérivés. Elles peuvent être servies en accompagnement ou

en plats principaux ; les patatas bravas, les poivrons à la tomate et à l'ail, les haricots verts ou la tortilla figurent parmi les plus connues.

Les tapas plus complexes et exotiques, présentées sous forme de plats principaux, agrémenteront parfaitement les grandes occasions : crevettes au bacon à la crème fraîche,

Menu typique de tapas

brochettes de homard et de poulet, ou caille farcie. Les empanadas sauront également faire leur petit effet ; leurs parfums inimitables aiguiseront l'appétit de tous vos amis. Par une chaude journée, un ceviche, ou cocktail glacé de crevettes et de légumes, saura rafraîchir les palais et séduire l'œil par ses merveilleuses couleurs estivales.

Les célèbres et délicieux beignets de calamars

Les ingrédients utilisés dans ces recettes se trouvent facilement et conviennent à tous les goûts et à toutes les bourses. En outre, chacune de ces recettes de tapas peut s'adapter à toutes les circonstances.

Nous espérons que cet ouvrage vous permettra de goûter à la fois à l'art de créer et au plaisir de savourer.

Corrida à Séville, dominée par la Giralda au fond

HUILE À L'AIL OU AIL À L'HUILE

Cette préparation se conserve deux semaines au réfrigérateur dans un récipient hermétique. Elle vous sera très utile si vous aimez l'ail.

Pour aromatiser une huile d'olive, il suffit de peler des gousses d'ail et de les laisser mariner dans l'huile. Toutefois, les tapas utilisent souvent l'huile à l'ail, ou ail à l'huile. Pour réaliser cette préparation, peler une certaine quantité d'ail (en fonction de vos besoins pendant deux semaines). Mettre le four à 230 °C (7), placer les gousses entières sur une plaque et laisser cuire 10 minutes environ. L'ail sortira tout seul de sa gousse.

Passer l'ail au mixeur avec un peu d'huile d'olive. Lorsque le mélange prend une consistance pâteuse, le verser dans un récipient hermétique et mettre au réfrigérateur.

HUILE PIMENTÉE

Se conserve indéfiniment au réfrigérateur.

250 ml d'huile d'olive

6 piments rouges hachés

Faire chauffer l'huile et ajouter les piments. Couvrir et laisser cuire à feu doux jusqu'à ce que les piments noircissent. Les retirer et les laisser refroidir. Lorsque l'huile est froide, la passer au tamis fin, la mettre en bouteille et la conserver au réfrigérateur.

MAYONNAISE

La mayonnaise se conserve bien au réfrigérateur, dans un récipient hermétique. La recette est très simple, à condition de bien suivre les conseils suivants :

◆ Verser l'huile lentement ; une huile légèrement chauffée aide à empêcher la sauce de tourner.

◆ Si la mayonnaise devient trop épaisse, ajouter un peu de vinaigre ou d'eau chaude.

◆ La sauce doit être très bien battue ; la préparer de préférence au mixeur ou au fouet électrique.

Si malgré tout votre mayonnaise tourne, deux méthodes permettent de réparer les dégâts :

◆ Dans un récipient propre, ajouter une cuillère à café d'eau bouillante et verser la mayonnaise sans cesser de battre.

◆ La méthode que je préfère : prendre un autre jaune d'œuf mélangé à 5 ml d'eau froide et bien battu, et l'incorporer dans la sauce sans cesser de battre.

Pour 250 ml de mayonnaise :

2 jaunes d'œuf

1 cuil. à soupe de vinaigre

Sel et poivre noir fraîchement moulu

1 pointe de moutarde

250 ml d'huile d'olive

1 cuil. à soupe d'eau chaude

◆ Mettre les jaunes d'œuf, le vinaigre, le sel, le poivre et la moutarde dans un récipient ou dans un mixeur.

◆ Verser l'huile progressivement, et très lentement, sans cesser de battre.

◆ Ajouter l'eau bouillante en battant bien.

◆ Vérifier l'assaisonnement.

Pour faire de l'aïoli, ajouter une cuillère à café d'ail aux jaunes d'œuf (pour 250 ml de mayonnaise).

Recettes de base

Pâte brisée

J'aime faire la pâte moi-même et, pour la parfumer, j'enduis le récipient d'huile à l'ail si j'en ai dans mon réfrigérateur. On peut également faire la pâte au mixeur.

Pour 400 g de pâte brisée :

400 g de farine

1 pincée de sel et de poivre

200 g de beurre ou de margarine, légèrement ramolli(e)

3 jaunes d'œuf

Un peu d'eau froide pour lier

- Tamiser la farine avec le sel et le poivre.
- Couper le beurre en petits morceaux et le rouler dans la farine jusqu'à ce qu'il s'émiette.
- Incorporer les jaunes d'œuf.
- Ajouter quelques gouttes d'eau froide ; cela permet de lier la pâte et de l'empêcher de poisser.
- Couvrir et laisser reposer au réfrigérateur.

Bouillon de poulet

La préparation d'un bouillon de poulet est longue, mais mérite l'effort. On peut éventuellement le remplacer par des cubes de bouillon.

N.B. : Les quantités utilisées s'appliquent également au bouillon de bœuf ou de veau.

1 kg d'os

2 l d'eau

250 g de légumes (oignon, céleri et poireaux) lavés, pelés et coupés en morceaux

1 brin de thym

1 feuille de laurier

Persil

Quelques grains de poivre

- Hacher les os en ôtant le gras.
- Les mettre dans une grande casserole, ajouter l'eau froide et porter à ébullition.
- Écumer la surface et laisser mijoter.
- Ajouter les légumes, les aromates et le poivre.
- Laisser mijoter pendant 3 heures minimum.
- Écumer, passer et mettre au réfrigérateur si vous ne devez pas utiliser tout de suite cette préparation.

Les bouillons se conservent 3 à 4 jours au réfrigérateur ; ils peuvent aussi se congeler.

Fumet de poisson

25 g de beurre

1 kg d'arêtes de poisson blanc, lavées

250 g de légumes (oignon, céleri et poireau), pelés et coupés en morceaux

1 feuille de laurier

Le jus d'1/2 citron

Persil

6 grains de poivre

2 l d'eau

- Faire fondre le beurre dans une grande casserole.
- Ajouter les arêtes de poisson, les légumes et les aromates.
- Couvrir et laisser cuire 5 mn jusqu'à ce que les arêtes deviennent transparentes.
- Ajouter l'eau, porter à ébullition et écumer. Laisser mijoter 20 minutes, puis passer.
- Si le bouillon, une fois passé, est remis à chauffer et réduit de moitié, le goût n'en sera que meilleur.

Vinaigrette méditerranéenne

Pour réaliser cette recette, il faut la saumure d'un bocal d'olives ou de cornichons.

2/3 de saumure

1/3 de vinaigre de vin rouge

3/3 d'huile d'olive

1 cuil. à café d'ail par litre

1 cuil. à soupe de sucre par litre

1 cuil. à soupe de sel par litre

1 cuil. à soupe de poivre noir par litre

- Mélanger tous les ingrédients et laisser mariner pendant au moins 30 minutes.

N.B. : La quantité d'huile d'olive est identique à la quantité de la saumure et du vinaigre réunis.

Poissons et fruits de mer

Grosses crevettes à l'ail

INGRÉDIENTS

3 cuil. à soupe d'huile d'olive
12 grosses crevettes, fraîches si possible, sinon surgelées
2 cuil. à café d'ail écrasé
2 cuil. à café de paprika
2 cuil. à soupe de xérès
Quartiers de citron

PRÉPARATION

- Faire chauffer l'huile dans une casserole. Si vous utilisez des crevettes surgelées, baisser le feu, ajouter les crevettes, couvrir et laisser cuire 6 minutes jusqu'à ce qu'elles soient molles. Si vous utilisez des crevettes fraîches, les ajouter à l'huile et attendre qu'elles grésillent.
- Ajouter le reste des ingrédients et porter à ébullition. Vérifier l'assaisonnement.
- Servir avec des quartiers de citron.

Grosses crevettes au piment

INGRÉDIENTS

12 grosses crevettes, ou 500 g de lotte coupée en morceaux de 2 cm³, ou 500 g de scampi

INGRÉDIENTS POUR LA MARINADE

2 cuil. à café d'ail écrasé

1/3 l d'huile d'arachide

6 piments rouges épépinés et hachés

Sel et poivre noir

PRÉPARATION

- Passer tous les ingrédients de la marinade au mixeur. Verser la préparation sur les crevettes et laisser mariner 4 heures.
- Ôter les crevettes, les griller ou les sauter au beurre fondu. Réserver la marinade.

INGRÉDIENTS POUR LA SAUCE

75 g de beurre (doux, de préférence) fondu

Le jus de 4 citrons

PRÉPARATION

- Faire fondre le beurre et l'incorporer au jus de citron en fouettant bien.
- Ajouter 6 cuil. à soupe de marinade.
- Porter à ébullition, verser sur les crevettes et servir.

Crevettes glacées

INGRÉDIENTS

12 grosses crevettes, à dégeler si surgelées
2 jaunes d'œuf
250 ml de mayonnaise (voir Recettes de base)
1 cuil. à soupe de crème fraîche épaisse
Poivre noir
1/2 cuil. à café de paprika
1 tomate pelée et coupée en petits morceaux
3 cuil. à café d'ail écrasé
1 cuil. à soupe de persil haché

PRÉPARATION

- Décortiquer la queue des crevettes, sans endommager la tête.
- Battre les jaunes d'œuf dans la mayonnaise, en ajoutant la crème fraîche, le poivre, le paprika, la tomate et l'ail.
- Allumer le grill.
- Huiler une plaque de cuisson.
- Disposer les crevettes sur la plaque et déposer une cuillerée de mayonnaise sur les queues.
- Faire chauffer au grill jusqu'à ce que des taches brunes apparaissent.
- Saupoudrer les crevettes de persil haché et servir immédiatement avec des quartiers de citron (jaune ou vert) et du pain à l'ail.

Ceviche – (cocktail) de crevettes

Ingrédients

1 kg de crevettes (ou 500 g de crevettes et 500 g de poisson blanc), écaillées et nettoyées
1,2 l d'eau
1/2 l de jus de citron vert
2 oignons rouges hachés
2 cuil. à soupe de sauce soja
Sel et poivre
2 concombres épépinés, pelés, coupés en deux dans le sens de la longueur et coupés en demi-lunes
1 poivron rouge, épépiné et finement émincé
1 bouquet d'aneth haché
Tabasco
Quartiers de citron vert pour la garniture

Préparation

- Disposer les crevettes dans un grand récipient.
- Mélanger les ingrédients de la marinade (eau, jus de citron, oignons, sauce soja, poivre et sel) et verser sur les crevettes.
- Laisser mariner pendant 20 minutes.
- Ajouter le concombre, le poivron et l'aneth. Bien mélanger.
- Verser la préparation dans des assiettes ou des bols.
- Saupoudrer de poivre et de tabasco. Servir avec les quartiers de citron vert.

Crevettes aux œufs et aux anchois

Cette recette nécessite 6 bâtonnets de cocktail.

INGRÉDIENTS

6 grosses crevettes décortiquées (on peut conserver les têtes)
3 œufs durs écalés et coupés en deux
6 filets d'anchois
6 olives noires
150 ml de mayonnaise (voir Recettes de base)

PRÉPARATION

- Sur chaque bâtonnet, piquer une crevette, une moitié d'œuf dur, un filet d'anchois roulé et une olive noire. Couvrir de mayonnaise, ou servir celle-ci à côté.

Crevettes au jambon et à la crème fraiche

Cette tapa très esthétique est idéale pour les barbecues.

INGRÉDIENTS

12 grosses crevettes décortiquées (conserver la tête et la queue) ; à dégeler si surgelées
100 g de mozzarella fraîche râpée
1 cuil. à café de poivre noir fraîchement moulu
12 tranches de jambon cru sans couenne
Un peu d'huile d'olive

PRÉPARATION

- Inciser le dos des crevettes sur toute la longueur, sans les couper.
- Remplir la fente de fromage, mélangé au poivre.
- Envelopper chaque crevette d'une tranche de jambon, en commençant par la tête, qui doit sortir, et en l'enroulant jusqu'à la queue.
- Enduire d'huile d'olive et cuire sur le grill ou au four (230 °C, th. 8) pendant 7 à 10 minutes. Pendant ce temps, préparer la sauce.

SAUCE

200 g de crème fraîche
1/2 cuil. à café de sel et de poivre noir
Le jus d'1/2 citron

PRÉPARATION

- Mélanger tous les ingrédients et servir avec les crevettes chaudes.

Crevettes à l'ail et aux aromates

INGRÉDIENTS

1/4 l d'huile d'olive
500 g de crevettes décortiquées ; cuites si surgelées
2 cuil. à soupe d'ail écrasé
1,5 cuil. à soupe de persil haché
1,5 cuil. à soupe de coriandre hachée
Sel et poivre fraîchement moulu
3 citrons coupés en quartiers

PRÉPARATION

- Faire chauffer l'huile dans une casserole.
- Ajouter les crevettes, couvrir, réduire le feu et cuire 2 minutes pour bien les réchauffer.
- Ajouter l'ail, les aromates, le sel et le poivre.
- Remuer et laisser cuire 2 minutes supplémentaires.
- Servir dans des ramequins avec des quartiers de citron.

Friture marinée

INGRÉDIENTS

500 g de petite friture surgelée, décongelée (pendant 2 heures à température ambiante)
1 cuil. à soupe de persil haché
2 cuil. à café d'ail écrasé
Le jus de 2 citrons (ou suffisamment pour couvrir les poissons pendant qu'ils marinent)
2 échalotes hachées finement
1 cuil. à café de poivre noir fraîchement moulu
1/2 cuil. à café de sel
4 cuil. à soupe d'huile d'olive

PRÉPARATION

- Ôter la tête des poissons. Couper les plus gros en deux (dans le sens de la longueur) et ôter leurs arêtes.
- Disposer sur un plateau ou dans un plat carré (éviter le métal).
- Saupoudrer de persil, d'ail, de jus de citron, d'échalote, de sel et de poivre.
- Laisser mariner 24 heures au réfrigérateur.
- Ôter l'excès de jus.
- Couvrir d'huile, laisser reposer 1 heure et servir.

Petite friture

INGRÉDIENTS

500 g de petite friture surgelée
120 ml de lait, à température ambiante
Farine
Huile
Sel, marin de préférence
6 quartiers de citron

PRÉPARATION

- Tremper les poissons surgelés dans le lait. Si le lait est trop froid, quelques particules de glace se formeront à la surface ; dans ce cas, ajouter quelques gouttes d'eau chaude.
- Bien enduire les poissons de farine, puis les passer au tamis pour en ôter l'excédent.
- Les placer dans le panier à friture.
- Faire frire à l'huile chaude pendant 3 minutes, en deux ou trois fois, pour éviter qu'ils ne collent au panier.
- Saupoudrer de sel et servir immédiatement avec des quartiers de citron.

Tartelettes au crabe et au cognac

Pour 6 tartelettes ou une tarte de 20 cm de diamètre

INGRÉDIENTS

200 g de pâte brisée (voir Recettes de base)
50 g de beurre
1/2 oignon moyen, haché finement (oignon rouge de préférence, plus doux)
1 cuil. à café de concentré de tomates
1 pincée de sucre
1/2 verre de vin blanc
500 g de chair de crabe
1 pincée de noix de muscade
1 cuil. à soupe de persil haché
Sel et poivre fraîchement moulu
Le jus de 2 oranges
1 petit verre de cognac
4 œufs, plus 1 jaune d'œuf
1/4 l de lait (ou, pour plus de goût, 250 ml de crème fleurette)
75 g de fromage manchego

PRÉPARATION

◆ Préparer la pâte brisée, la laisser reposer et en garnir les moules. Recouvrir la pâte de papier d'aluminium, parsemer de haricots secs et mettre à four chaud (230 °C, th. 7) pendant 5 à 8 minutes.

PRÉPARATION DE LA GARNITURE

◆ Dans une casserole, faire fondre le beurre. Ajouter l'oignon et couvrir. Laisser cuire à feu doux jusqu'à ce que l'oignon fonde.
◆ Ajouter le concentré de tomates et le sucre, puis le vin blanc.
◆ Incorporer le crabe, la muscade, le persil, le sel et le poivre.
◆ Ajouter le jus d'orange et le cognac, laisser mijoter à feu doux pendant 5 minutes. Bien mélanger et laisser refroidir hors du feu.
◆ Pour faire la crème : dans un grand bol, mélanger les œufs et le lait (ou la crème fleurette) en battant bien.
◆ Incorporer la préparation au crabe et le manchego à la crème, vérifier l'assaisonnement et ajouter du poivre noir fraîchement moulu.
◆ Garnir les moules à tarte de ce mélange.
◆ Mettre à four moyen (180 °C, th. 4), pendant 15 à 20 minutes environ, jusqu'à ce que les tartelettes brunissent.

Brochettes de homard et de poulet

Cette recette nécessite 6 brochettes.

INGRÉDIENTS

2 homards vivants, chacun de 750 g environ
2 blancs de poulet, chacun de 200 g environ, coupés en morceaux
Vin blanc sec
2 citrons verts, pelés et coupés en morceaux
120 ml d'aïoli à la tomate (voir Recettes de base) : ajouter à la mayonnaise de base quelques tomates en boîte (la moitié du volume) et passer le tout au mixeur en ajoutant du sel, du poivre et une grande quantité d'ail (2 cuil. à café pour 250 ml de mayonnaise).

PRÉPARATION

◆ Mettre les homards dans une casserole d'eau salée bouillante. Réduire le feu et laisser cuire 5 minutes, jusqu'à ce qu'ils rosissent.
◆ Détacher le corps de la tête en tordant légèrement le homard. Ôter la carapace et couper la chair en morceaux.
◆ Pocher les morceaux de poulet dans un petit peu de vin blanc pendant 6 à 8 minutes. Laisser refroidir.
◆ Alterner les morceaux de homard, de poulet et de citron sur les brochettes.
◆ Recouvrir d'aïoli à la tomate.

Sardines frites

Ingrédients

12 *sardines (d'environ 10 cm de long)*
50 g de farine

Ingrédients pour la marinade, à mélanger :

2 cuil. à café de persil haché
4 cuil. à soupe de jus de citron
1/2 cuil. à café d'ail écrasé
Sel et poivre noir
4 cuil. à soupe d'huile d'olive

Préparation

- Prendre les sardines (avec la tête de préférence) et les ouvrir par le ventre sans couper les arêtes.
- Enduire les sardines de marinade, et laisser reposer 20 minutes.
- Saupoudrer les sardines de farine de façon à bien les recouvrir. Les secouer pour enlever l'excédent de farine. Assaisonner.
- Faire chauffer l'huile et frire les sardines jusqu'à ce qu'elles soient bien dorées des deux côtés.

Ingrédients pour la sauce

Sel et poivre noir
1 grosse tomate, pelée et hachée
1 petit poivron vert, épépiné et haché
25 g d'oignon haché
Mayonnaise (voir Recettes de base)

Préparation de la sauce

- Mélanger tous les ingrédients et verser la sauce dans les assiettes avec les sardines ou dans un bol à côté.

Morue salée aux poivrons et pommes de terre

Ingrédients

750 g de morue sèche salée, coupée en morceaux
2 cuil. à soupe d'huile d'olive
1 gros oignon haché
1 branche de céleri hachée
1 poivron vert moyen, épépiné et finement émincé
1 gros poireau lavé et haché
1 cuil. à café d'ail écrasé
4 pommes de terre moyennes, lavées et coupées en rondelles d'1 bon centimètre d'épaisseur
1 verre de vin blanc sec
1/3 l de fumet de poisson (voir Recettes de base)
Poivre noir
1 cuil. à soupe de persil haché

Préparation

- Faire tremper la morue salée pendant 24 heures, en changeant au moins 3 fois d'eau. Couper en morceaux de 5 cm.
- Chauffer l'huile dans une casserole, et faire revenir l'oignon, le céleri et le poivron.
- Ajouter le poireau, l'ail, les pommes de terre et le vin. Faire réduire le vin de moitié.
- Mouiller avec le fumet de poisson, couvrir et laisser mijoter jusqu'à ce que les légumes soient tendres. Rajouter un peu d'eau si nécessaire.
- Ajouter la morue et une grande quantité de poivre noir. Mélanger et laisser cuire 6 à 8 minutes.
- Servir le poisson dans des assiettes creuses, avec beaucoup de sauce et de persil haché.

Lotte sauce à l'anchois

INGRÉDIENTS

500 g de lotte pelée, nettoyée et coupée en cubes
Farine
120 ml d'huile d'olive
60 ml de crème d'anchois
1 cuil. à soupe de poivre noir fraîchement moulu

PRÉPARATION

- Assaisonner le poisson et le saupoudrer légèrement de farine.
- Faire chauffer l'huile dans une casserole, mettre le poisson et réduire le feu.
- Couvrir et laisser cuire pendant 4 à 6 minutes, jusqu'à ce que la chair soit moelleuse, mais tout juste cuite.
- Ôter les morceaux de poisson de la sauce et garder au chaud.
- Ajouter le reste des ingrédients dans la casserole et porter à ébullition.
- Goûter (la sauce doit être très poivrée).
- Remettre les morceaux de poisson dans la sauce, mélanger et servir.

Lotte Culiacin

Cette recette nécessite 6 grandes brochettes.

INGRÉDIENTS

1 kg de lotte, sans peau ni arêtes, et coupée en cubes ; marinée dans 3 portions d'eau pour 1 portion de citron vert.

INGRÉDIENTS POUR LA SAUCE

4 piments rouges, épépinés et hachés
Huile d'olive
2 grosses tomates pelées et hachées
1 cuil. à café d'origan
1 cuil. à café de poivre noir
1 cuil. à café de cumin
1 cuil. à café de gingembre en poudre
2 cuil. à café d'ail
1/2 l de fumet de poisson (voir Recettes de base)
1/2 gros concombre
1 oignon rouge
Quartiers de citron vert
Tabasco

PRÉPARATION

- Faire frire le piment dans un peu d'huile d'olive, jusqu'à ce qu'il brunisse.
- Mélanger les tomates, l'origan, le poivre, le cumin, l'ail et le fumet de poisson. Ajouter au piment.
- Porter à ébullition et laisser mijoter pendant 10 minutes. Retirer du feu.
- Couper le concombre en rondelles de 5 mm d'épaisseur.
- Couper l'oignon en huit, en le coupant d'abord en deux comme une orange, puis chaque moitié en quatre.
- Piquer sur les brochettes un morceau d'oignon, de poisson, de concombre, etc., jusqu'à ce qu'elles soient pleines.
- Arroser généreusement de sauce.
- Servir avec les quartiers de citron et le tabasco.

Brochettes de lotte et de bacon

Cette recette nécessite 6 brochettes ou 12 bâtonnets.

Ingrédients
24 petits champignons de Paris
9 tranches de bacon, coupées en lanières de 8 cm de long
500 g de lotte, sans peau ni arêtes, et coupée en petits tronçons
Huile d'olive
Sel et poivre
120 ml d'aïoli à la tomate (voir Recettes de base : y ajouter des tomates en boîte, moitié du volume, en passant le tout au mixeur)

Préparation

- Commencer par piquer un champignon sur la brochette, ajouter un morceau de bacon plié, puis un tronçon de poisson. Répéter jusqu'au bout de la brochette, puis pour toutes les brochettes.
- Enduire d'huile d'olive et assaisonner. Si nécessaire, vous pouvez les conserver au réfrigérateur jusqu'au moment de servir.
- Mettre à four chaud (220 °C, th. 7) sur une plaque huilée pendant 7 à 8 minutes environ.
- Recouvrir d'aïoli et servir.

Canapés de poisson fumé et mayonnaise

Cette tapa est très décorative.

Ingrédients

2 poivrons verts, épépinés et coupés en fines lamelles
4 cuil. à soupe d'huile d'olive
Poivre noir
1 tomate pelée et hachée
200 g de maquereau fumé
200 g de morue fumée (si vous utilisez de la morue salée cuite, ne rajoutez pas de sel dans l'assaisonnement)
100 g d'aïoli (voir Recettes de base)
6 tranches de pain coupées en triangle ou en rondelles
5 g d'ail écrasé
2 cuil. à soupe d'huile d'olive

Préparation

- Faire cuire les poivrons dans l'huile à feu doux, ajouter le poivre et la tomate. Couvrir et laisser cuire pendant 20 minutes. Laisser refroidir.
- Peler et ôter les arêtes du poisson, incorporer l'aïoli et passer le tout au mixeur avec du poivre, jusqu'à obtention d'une consistance de crème fraîche épaisse. Ajouter de l'ail si nécessaire.
- Enduire les deux côtés du pain d'ail et d'huile d'olive. Faire dorer au four.
- Déposer une petite quantité de préparation au poivron sur chaque tranche.
- Couvrir d'une petite quantité du mélange de poisson et servir.

Le coucher du soleil ravive les couleurs chaudes de Cordoue et du Guadalquivir, le grand inspirateur des compositeurs de musique et de chansons de flamenco. L'architecture fortement marquée par un passé mauresque, juif et chrétien ne révèle aujourd'hui qu'une torpeur tranquille.

Croquettes de poisson

INGRÉDIENTS

300 g de poisson blanc : laver, recouvrir à demi de lait et pocher au four pendant 15 minutes. Ôter la peau, les arêtes et émietter le poisson.

300 g de pommes de terre écrasées

50 g d'oignon haché

Beurre

1/2 cuil. à café d'ail écrasé

1/2 cuil. à café de paprika

1 cuil. à soupe de persil haché

1 œuf

Mélange de 2 œufs et d'un peu de lait

50 g de farine

Chapelure

PRÉPARATION

- Apprêter le poisson.
- Préparer les pommes de terre (le poisson et la purée peuvent se préparer à l'avance).
- Faire fondre l'oignon dans un peu de beurre, ajouter l'ail, le paprika et le persil. Bien mélanger et retirer du feu.
- Mélanger le poisson, les pommes de terre et l'oignon en remuant bien. Assaisonner.
- Incorporer un œuf. La préparation doit être ferme et malléable.
- Former des petites boules.
- Couvrir de farine, en ôter l'excédent et passer dans le mélange œuf et lait pour les enduire complètement.
- Rouler dans la chapelure.
- Si nécessaire, reformer les boules.
- On peut les frire dans l'huile chaude (185 °C) pendant 3 à 5 minutes jusqu'à ce qu'elles dorent, ou les sauter dans du beurre, en secouant la poêle régulièrement.
- Servir avec de l'aïoli à la tomate (voir la recette des Brochettes de lotte et de bacon) et des quartiers de citron.

Poulpe à la galicienne

INGRÉDIENTS

1 poulpe de 2-3 kg

3 cuil. à soupe de vinaigre de vin blanc

2 oignons hachés

1 cuil. à soupe d'ail écrasé

1 feuille de laurier

15 grains de poivre

1 bonne pincée de paprika

Sel marin

PRÉPARATION

- Nettoyer le poulpe :
  Couper les tentacules juste sous les yeux. Faire ressortir le bec au centre des tentacules avec le doigt.
  Ôter les yeux et les jeter.
  Retourner le corps, ôter les intestins et rincer.
  Couper les tentacules en morceaux de 4 cm, sans garder les extrémités trop petites.
  Couper le corps en morceaux de même grosseur.
- Mettre le poulpe dans une casserole et le recouvrir d'eau froide. Couvrir et porter à ébullition. Retirer le poulpe du feu et plonger dans l'eau froide. Porter de nouveau à ébullition, laisser refroidir, et répéter l'opération. Cette fois-ci, ajouter le vinaigre, l'oignon, l'ail et les aromates.
- Laisser mijoter jusqu'à ce que le poulpe devienne tendre, 20 minutes environ. Goûter régulièrement pour éviter que le poulpe ne redevienne élastique.
- Saupoudrer généreusement de paprika et de sel, et servir dans une grande assiette (en Espagne, on utilise des planches en bois).

Poulpe à l'huile d'olive et au paprika

Ne vous laissez pas effrayer par la quantité d'huile utilisée ; elle s'accompagne très bien de pain frais.

INGRÉDIENTS

1 poulpe de 2-3 kg
Huile d'olive
2 cuil. à soupe de paprika
2 cuil. à soupe d'ail écrasé
1/2 cuil. à soupe de sel

PRÉPARATION

- Préparer le poulpe de la même façon que pour le Poulpe à la galicienne. Retirer du liquide de cuisson et couper en morceaux.
- Recouvrir d'huile d'olive.
- Ajouter le paprika, l'ail et le sel.
- Porter à ébullition et faire cuire pendant 2 minutes. Retirer du feu et laisser refroidir, ou servir immédiatement.

Ce plat se conserve 2-3 jours au réfrigérateur. On peut le réchauffer au micro-ondes en le recouvrant d'un film plastique. Le secret de la sauce réside dans le sel, qui compense la fadeur donnée par tant d'huile.

Huîtres au citron vert et au tabasco

Ingrédients

12 grosses huîtres fraîches

Tabasco

Le jus de 4 citrons verts

Poivre noir fraîchement moulu

Préparation

- Ouvrir les huîtres avec précaution.
- Ajouter 2 gouttes de tabasco sur chacune.
- Verser un filet de citron vert et saupoudrer de poivre.
- Avaler !

Huîtres « Bloody Mary »

INGRÉDIENTS

12 huîtres
Vodka
Tabasco
Sauce Worcestershire
Sel et poivre
Jus de citron
Concombre pelé et finement haché
Branches de céleri (jeunes et tendres)
Jus de tomate

PRÉPARATION

- Préparer un Bloody Mary épicé avec tous les ingrédients, sauf les huîtres. Ajouter des glaçons avant de passer au mixeur.
- Ouvrir les huîtres avec précaution et les remplir de la préparation.
- S'il reste du Bloody Mary, buvez-le !

Coquilles Saint-Jacques au citron vert et au crabe

Ingrédients

12 coquilles Saint-Jacques petites ou moyennes, ou 6 grosses (à couper en deux horizontalement)
Le jus de 4 citrons verts
Le jus de 2 oranges
1 petit verre de cognac
1 petit morceau de gingembre râpé
Sel et poivre
200 g de chair de crabe

Préparation

- Ouvrir les coquilles Saint-Jacques. Ôter le pied. Laver et mettre au réfrigérateur, dans les coquilles nettoyées.
- Mélanger les jus de citron et d'orange, le cognac, le gingembre et les condiments. Verser sur les coquilles Saint-Jacques.
- Laisser mariner 4 à 6 heures. Les coquilles doivent devenir opaques et fermes au toucher.
- Assaisonner légèrement la chair de crabe et en parsemer les coquilles Saint-Jacques.
- Servir très frais.

Coquilles Saint-Jacques à la sauce tomate

Cette tapa peut constituer un repas léger.

Ingrédients

12 petites coquilles Saint-Jacques, ou 6 grosses
50 g de beurre
1 verre de vin blanc sec

Ingrédients pour la sauce

50 g de beurre
50 g de farine
1/2 l de lait chaud
1/2 cuil. à soupe de concentré de tomates
1 cuil. à café d'ail écrasé
1 cuil. à café de sucre
2 grosses tomates pelées et finement hachées
1 cuil. à soupe de crème fraîche épaisse
1/2 cuil. à café de poivre noir
100 g de parmesan râpé

Ingrédients pour les pommes de terre

1 kg de pommes de terre
Sel
75 g de beurre
2 jaunes d'œuf
Sel et poivre
2 cuil. à soupe de crème fleurette, chauffée
2 cuil. à café de persil haché

Préparation

- Préparer les coquilles Saint-Jacques : les ouvrir en les mettant au four (230 °C, th. 8) pendant quelques minutes. Détacher la noix à l'aide d'un couteau bien aiguisé, ôter le pied et bien laver.
- Laver les coquilles et les garder de côté.
- Séparer le corail rose de la noix et le conserver au réfrigérateur.
- Préparer la sauce : faire fondre le beurre, incorporer la farine et faire cuire jusqu'à obtention d'une consistance sableuse.
- Ajouter progressivement le lait réchauffé, en battant bien.
- Incorporer le concentré de tomates, l'ail et le sucre.
- Mélanger de temps à autre et laisser mijoter pendant 20 minutes jusqu'à ce que la farine soit cuite. Ajouter les tomates hachées, la crème fraîche, le fromage et le poivre. Réserver.
- Pendant que la sauce cuit, préparer la purée de pommes de terre. Peler, laver et couper les pommes de terre en morceaux réguliers. Les mettre dans de l'eau salée, porter à ébullition et faire cuire.
- Bien égoutter les pommes de terre, les remettre dans la casserole, couvrir et cuire à feu doux, en secouant la casserole de temps en temps pour les sécher.
- Écraser avec 25 g de beurre.
- Avec une cuillère en bois, ajouter les jaunes d'œuf et le reste du beurre. Incorporer la crème réchauffée et bien assaisonner. Ajouter le persil et bien mélanger.
- Remplir de purée une poche à douille avec un embout en forme d'étoile.
- Cuire les coquilles Saint-Jacques : faire fondre le beurre et faire revenir les noix (en gardant le corail pour la fin, car il cuit plus vite). Saisir les deux côtés.
- Ajouter le vin et porter à ébullition. Ajouter le corail et laisser cuire 3 minutes.
- Disposer les coquilles sur une plaque de four et les remplir d'une cuillerée de sauce.
- Mettre une noix et un corail dans chaque coquille et recouvrir de sauce.
- Déposer des petites étoiles de pommes de terre sur le rebord de la coquille.
- Saupoudrer de fromage et mettre à four chaud (220 °C, th. 7) pendant 5 minutes, ou jusqu'à ce que le fromage dore. Servir avec des quartiers de citron.

Moules et haricots à la tomate

Ingrédients

1 kg de haricots blancs
2 cuil. à soupe d'huile d'olive
1 oignon haché
2 tranches de bacon haché
2 cuil. à café d'ail écrasé
5 tasses de bouillon de poulet (voir Recettes de base)
1 kg de moules lavées et brossées
1 grosse tomate pelée et hachée
1 cuil. à café de persil haché
Le jus d'1 citron
Sel et poivre

Préparation

- Faire tremper les haricots toute la nuit dans de l'eau froide, ou acheter des haricots en boîte.
- Chauffer l'huile et y faire fondre l'oignon. Ajouter le bacon et mélanger.
- Ajouter les haricots et l'ail, recouvrir de bouillon de poulet et laisser cuire (20 minutes pour des haricots en boîte, 2 heures pour des haricots secs).
- Ajouter les moules, bien remuer, couvrir et laisser cuire jusqu'à ce que les moules s'ouvrent.
- Ajouter la tomate, le persil et le jus de citron. Assaisonner et servir dans des bols.

Moules aux épinards

INGRÉDIENTS

500 g d'épinards
1 oignon haché
50 g de beurre
1 cuil. à café d'ail écrasé
1 pincée de noix de muscade
Sel et poivre noir
1 verre de vin blanc sec
3/4 l de bouillon de poulet (voir Recettes de base)
1 kg de moules lavées et brossées
2 cuil. à soupe de crème fleurette

PRÉPARATION

- Si vous utilisez des épinards frais : trier les feuilles et ôter les tiges et les veines trop grosses. Laver soigneusement.
  N.B. : Ne faire cuire que les épinards frais.
- Plonger les épinards dans de l'eau bouillante salée. Laisser bouillir 2 minutes. Laisser refroidir sous le robinet d'eau froide. Essorer et hacher finement.
- Faire revenir l'oignon dans le beurre. Ajouter les épinards, l'ail, la muscade, le sel et le poivre.
- Ajouter le vin blanc et porter à feu vif. Faire cuire 5 minutes, jusqu'à ce qu'il n'y ait presque plus de vin.
- Ajouter le bouillon et porter à ébullition. Bien mélanger et laisser cuire 5 minutes.
- La consistance doit être celle d'une crème épaisse ; si la préparation est trop fluide, continuer à cuire sur le feu en remuant.
- Ajouter les moules et couvrir. Laisser cuire jusqu'à ce que les moules s'ouvrent, en remuant sans cesse la casserole.
- Retirer du feu et vérifier l'assaisonnement. Du poivre noir fraîchement moulu rehaussera le goût des épinards.
- Verser dans des bols, en répartissant les moules équitablement. Terminer par un filet de crème et servir.

Anchois et moules San Sebastián

INGRÉDIENTS

- *2 oignons moyens, hachés*
- *2 poivrons verts, épépinés et finement hachés*
- *120 ml d'huile d'olive*
- *1 cuil. à café d'ail écrasé*
- *1 cuil. à soupe de paprika*
- *500 g d'anchois frais, ou 500 g de petite friture surgelée, à décongeler*
- *240 ml de vin blanc sec*
- *240 ml de vinaigre*
- *240 ml de fumet de poisson (voir Recettes de base)*
- *1 kg de moules lavées et brossées*

PRÉPARATION

- Faire revenir l'oignon et le poivron dans l'huile d'olive.
- Ajouter l'ail et le paprika, mélanger et ajouter l'anchois.
- Laisser cuire pendant 5 minutes environ.
- Verser le vin, le vinaigre et le fumet de poisson, et porter à ébullition.
- Ajouter les moules. Couvrir et laisser cuire jusqu'à ce que les moules s'ouvrent.
- Assaisonner et servir dans des assiettes creuses.

Moules au gaspacho

INGRÉDIENTS

- *1/2 oignon moyen, finement émincé*
- *1/4 l de vin blanc sec*
- *2 branches de persil*
- *1 zeste de citron*
- *1 kg de moules lavées et brossées (éliminer les moules ouvertes)*
- *5 tasses de gaspacho glacé (voir recette) : ajouter un peu plus de vinaigre et de poivre pour en relever le goût*

PRÉPARATION

- Mettre l'oignon, le vin, le persil et le zeste de citron dans une casserole et porter à ébullition.
- Verser les moules. Couvrir, secouer et laisser cuire jusqu'à ce qu'elles s'ouvrent.
- Retirer du feu et laisser refroidir.
- Verser le gaspacho, mélanger et disposer dans des bols.
- Servir avec du pain croustillant tartiné de beurre d'ail.

Moules frites farcies

INGRÉDIENTS

1 oignon moyen, haché
50 g de beurre
1/4 l de vin blanc sec
2 branches de persil
1 zeste de citron
36 moules (environ 1 kg) lavées et brossées (éliminer les moules ouvertes).
1/4 l de sauce béchamel réalisée avec 75 g de beurre, 75 g de farine, du sel et du poivre (voir ci-dessous)
125 g de jambon cru (jamón serrano espagnol, prosciutto italien ou jambon de Parme)
200 g de chapelure
75 g de parmesan râpé
Sel et poivre
4 œufs battus dans 4 cuil. à soupe d'eau chaude
Huile à frire
2 cuil. à soupe de persil haché

PRÉPARATION

◆ Dans une casserole, faire revenir l'oignon dans le beurre.

◆ Ajouter le vin, les tiges de persil, le zeste de citron et porter à ébullition.

◆ Ajouter les moules, couvrir et secouer la casserole sur feu vif jusqu'à ce que les moules s'ouvrent.

◆ Ôter les moules à l'aide d'une écumoire et les laisser refroidir dans un récipient.

◆ Passer le jus de cuisson et le conserver pour l'ajouter à la béchamel.

◆ Préparer la béchamel :
Faire fondre le beurre et ajouter la farine.
Réchauffer 1/4 l de lait et le verser peu à peu en remuant avec une cuillère en bois.
Ajouter le jus de cuisson des moules et laisser mijoter pendant 20 minutes. Assaisonner.
La sauce béchamel doit être très épaisse.

◆ Retirer les moules de leurs coquilles (en gardant les coquilles de côté).

◆ Hacher les moules avec le jambon et en remplir les coquilles avec une petite cuillère, en laissant de la place pour la sauce.

◆ Verser la béchamel à l'aide d'une petite cuillère ou d'une palette. La béchamel fixera la préparation. Mettre au réfrigérateur jusqu'à ce que cette dernière soit bien ferme, environ 1 heure.

◆ Mélanger la chapelure et le fromage et assaisonner.

◆ Plonger les moules dans l'œuf battu, puis dans la chapelure de façon à bien les recouvrir.

◆ Faire frire dans une petite quantité d'huile chaude.

◆ Égoutter sur du papier sulfurisé et servir immédiatement, en les saupoudrant de persil.

Tapa de moules, crevettes et calamars

Ingrédients

1,5 l d'huile d'olive
500 g de crevettes surgelées
3/4 l de jus de citron
1 kg de moules, lavées et brossées (éliminer les moules ouvertes)
500 g de calamars lavés (voir la recette des Calamars frits) et blanchis
3 cuil. à café d'ail écrasé
3 cuil. à café de paprika
Sel et poivre

Préparation

- Dans une casserole, porter l'huile à ébullition et y plonger les crevettes. Couvrir et retirer du feu. Laisser les crevettes 3 minutes dans l'huile.
- Ajouter le reste des ingrédients, remettre sur le feu et porter à ébullition.
- Couvrir et secouer la casserole jusqu'à ce que les moules s'ouvrent.
- Assaisonner et servir dans de petits bols.

Empanada aux calamars

Un empanada est une sorte de tourte espagnole fourrée à toutes sortes de choses. Il peut se réaliser avec de la pâte brisée, de la pâte à pain ou sous forme de chou au saindoux. On en fait parfois des individuels, mais il est plus courant d'en préparer un grand dans une poêle à paella, que l'on sert en tranches froides.

Ingrédients pour la garniture

4 cuil. à soupe d'huile d'olive
100 g d'oignon haché
1 cuil. à café d'ail écrasé
2 poivrons verts, épépinés et coupés en fines lamelles
3 tomates pelées et coupées en deux
2 piments rouges, épépinés et hachés
500 g de calamars, préparés comme dans la recette des Calamars frits (9 premières étapes)
240 ml de vin rouge espagnol (Rioja)
240 ml de fumet de poisson (voir Recettes de base)
1 à 2 cuil. à café de sel
2 cuil. à café de paprika
1 brin de thym frais
500 g de moules, lavées, brossées et passées 5 minutes à l'eau bouillante salée
200 g de crevettes décortiquées
Sel et poivre
450 g de pâte au levain (voir ci-après)
2 tomates tranchées et pelées
1 jaune d'œuf battu dans un peu de lait pour dorer la tourte

Préparation

- Dans une grande poêle à frire, faire revenir l'oignon et l'ail dans l'huile. Ajouter les poivrons et les tomates.
- Ajouter les piments, mélanger et laisser cuire pendant 10 minutes.
- Ajouter les rondelles de calamars et les tentacules coupés en morceaux.
- Verser le vin et le fumet de poisson, couvrir et laisser cuire pendant 20 minutes à feu moyen. Ajouter le sel, le paprika et le thym ; bien mélanger. Si la préparation semble un peu sèche, rajouter de l'eau.
- Retirer les moules de leurs coquilles et les mélanger à la préparation en même temps que les crevettes. Retirer du feu et assaisonner.

Ingrédients pour la pâte au levain

450 g de farine
25 g de levure de boulanger (ou 12,5 g de levure chimique)
270 ml de lait tiède
50 g de beurre
2 œufs
1 cuil. à café de sel

Préparation

- Passer la farine au tamis dans un récipient et former un puits au centre.
- Émietter ou saupoudrer la levure dans le puits. Verser le lait tiède et remuer légèrement pour dissoudre la levure. Couvrir d'une fine couche de farine sans mélanger.
- Couvrir le récipient d'un linge et laisser lever la préparation pendant 15 minutes dans un endroit chaud. Lorsqu'elle est levée, la couche de farine doit être craquelée.
- Pendant que la levure agit, faire fondre le beurre dans une casserole, ajouter les œufs et bien mélanger. Incorporer le sel et laisser refroidir légèrement.
- Verser ce mélange sur la levure dans le récipient. Mélanger à l'aide d'une cuillère en bois et battre vigoureusement jusqu'à ce que la pâte soit homogène.
- Pétrir la pâte en l'étirant avec les mains jusqu'à ce qu'elle soit sèche et lisse. Si la pâte est trop molle, ajouter un peu de farine.
- Former une boule, la déposer dans le récipient et la saupoudrer de farine. Couvrir le récipient d'un linge et laisser reposer dans un endroit chaud pendant 20 minutes. La pâte doit doubler de volume.
- Pétrir de nouveau la pâte et laisser lever 20 minutes, sous un linge. Elle est à présent prête à l'emploi.
- Beurrer un plat à paella (pour deux) et la garnir de la moitié de la pâte. Verser la garniture, en gardant à l'esprit que la tourte lèvera jusqu'au bord du plat.
- Couvrir de tranches de tomates et saupoudrer de sel.
- Étaler le reste de la pâte sur la préparation en ajustant bien les rebords. Passer le jaune d'œuf au pinceau en décorant selon votre goût. Les Espagnols réalisent généralement un motif très simple de quadrillage.
- Laisser reposer 10 minutes avant de mettre au four.
- Faire cuire à four moyen à chaud (200 °C, th. 6) pendant 30 minutes. Laisser refroidir et couper en tranches.

Calamars frits

NETTOYAGE DES CALAMARS

- Couper les tentacules juste sous les yeux et les mettre de côté. Presser le haut des tentacules pour faire sortir le bec ; l'éliminer.
- Vider la poche au-dessus de l'évier en enfonçant les doigts sous l'os.
- Le retirer et l'éliminer.
- Retirer les intestins avec précaution de façon qu'ils sortent en une seule fois ; les éliminer. Rincer l'intérieur de la poche.
- Ôter les nageoires à l'endroit où elles sont rattachées au corps. La peau membraneuse violette se défera plus facilement.
- Rincer à grande eau et couper la tête en rondelles de 1,5 cm d'épaisseur. Mélanger aux tentacules et rincer à nouveau.
- Porter une grande casserole d'eau à ébullition et y plonger les calamars. Attendre que l'eau bouille de nouveau.
- Retirer du feu et faire refroidir immédiatement à l'eau froide.
- Les calamars sont maintenant prêts à être cuisinés.

INGRÉDIENTS

3 œufs

1 kg de calamars nettoyés

Sel et poivre

Farine

3 citrons

PRÉPARATION

- Verser les œufs sur les calamars en mélangeant avec les mains. Assaisonner.
- Ajouter progressivement de la farine de façon à former une pâte épaisse.
- Faire chauffer l'huile à 185 °C et y plonger délicatement les morceaux de calamars l'un après l'autre.
- Secouer et attendre qu'ils dorent.
- Retirer de l'huile, égoutter, saupoudrer de sel et servir avec une généreuse quantité de quartiers de citron.

N.B. : Si votre friteuse est trop petite, procéder en 2 ou 3 fois, en gardant les morceaux frits au chaud.

Légumes

Gaspacho

INGRÉDIENTS

1 concombre
1 poivron vert épépiné
1 boîte de 225 g de tomates
1 oignon moyen
1 cuil. à café d'ail écrasé
1 cuil. à soupe de jus de citron
Sel et poivre noir

PRÉPARATION

◆ Passer tous les ingrédients au mixeur, assaisonner et mettre au réfrigérateur.

Pour une soupe plus liquide, ajouter du jus de tomate et bien mélanger.

Salade de tomates à la vinaigrette

Cette tapa s'accompagne très bien de fromage et de bière, ou de filets d'anchois.

INGRÉDIENTS

3 grosses tomates
1/2 oignon finement émincé
Quelques olives noires
1/4 l de vinaigrette méditerranéenne (voir Recettes de base)

PRÉPARATION

◆ Couper les tomates horizontalement. Les disposer dans un bol ou une grande assiette en alternance avec l'oignon. Parsemer d'olives.
◆ Arroser de vinaigrette et servir.

Si vous préparez cette recette à l'avance, ajoutez la vinaigrette 20 minutes avant de servir.

Tomates farcies

On peut utiliser aussi bien des petites tomates que des grosses pour cette recette, qui ajoutera une touche simple et colorée à vos repas.

INGRÉDIENTS

8 petites tomates ou 3 grosses
4 œufs durs, refroidis et écalés
90 ml (6 cuil. à soupe) d'aïoli (voir Recettes de base)
Sel et poivre noir
1 cuil. à soupe de persil haché
1 cuil. à soupe de chapelure (pour les grosses tomates)

PRÉPARATION

- Peler les tomates, en ôtant d'abord le cœur à l'aide d'un couteau pointu, puis en incisant d'une croix l'autre côté de la tomate. Les plonger dans une casserole d'eau bouillante pendant 10 secondes, les retirer et les plonger dans un récipient d'eau glacée ou très froide (afin de les empêcher de ramollir).
- Retirer un couvercle aux tomates ainsi qu'une partie de leur base de façon qu'elles tiennent droit sur une assiette. Garder les couvercles des petites tomates, mais pas ceux des grosses.
- Vider l'intérieur des tomates avec une petite cuillère ou un petit couteau.
- Écraser les œufs dans l'aïoli, avec le sel, le poivre et le persil.
- Remplir les tomates de ce mélange en appuyant fermement. Recouvrir les petites tomates de leurs couvercles. Si vous devez les servir ultérieurement, les passer à l'huile d'olive et au poivre noir pour ne pas qu'elles se dessèchent. Couvrir d'un film plastique et réserver.
- Pour les grosses tomates, la farce doit être très dense, de façon qu'elle puisse être tranchée. Si vous faites vous-même l'aïoli, il est conseillé de l'épaissir avec davantage de jaune d'œuf. Si vous l'achetez tout prêt, ajouter de la chapelure jusqu'à obtention d'une consistance comparable à de la purée. Bien assaisonner. Remplir les tomates en pressant fermement. Laisser au réfrigérateur pendant 1 heure, puis les trancher en rondelles à l'aide d'un couteau bien aiguisé. Saupoudrer de persil haché.

Soupe à l'ail

INGRÉDIENTS

5 tasses de bouillon de poulet (voir Recettes de base)
3 cuil. à café d'ail écrasé
3 cuil. à café rases de paprika
3 cuil. à café rases de cumin
Sel et poivre
2 tranches de pain grillé
Huile
6 œufs (facultatif)

PRÉPARATION

- Verser le bouillon dans une casserole, ajouter l'ail, le paprika et le cumin et porter à ébullition. Assaisonner.
- Couper le pain grillé en petits carrés et les disposer dans des assiettes à soupe.
- Faire cuire les œufs à l'huile dans une poêle, jusqu'à ce que le blanc prenne. Mettre l'œuf dans chaque assiette et arroser de soupe bouillante.

Pain à l'ail

INGRÉDIENTS

1 miche de pain ou 6 petites pitas
200 g de beurre ramolli
2 cuil. à café d'ail, mis à four chaud pendant 10 minutes (l'ail sortira aisément de sa gousse)
1 cuil. à soupe de persil haché
Sel et poivre noir

PRÉPARATION

- Écraser les gousses d'ail dans un hachoir, à l'aide d'un mixeur ou sous la lame d'un gros couteau, avec du sel.
- Mélanger l'ail et le beurre. Ajouter le persil et les condiments.
- Mettre le pain à four chaud (230 °C, th. 7) pendant 15 minutes. Si vous utilisez des pitas, les asperger légèrement d'eau avant de les passer au four.
- Couper le pain en tranches, le tartiner de beurre et servir.

VARIANTES :

- Ajouter 1 cuil. à café de concentré de tomates au beurre, en tartiner le pain et le faire griller.
- Remplacer les 200 g de beurre par 150 g de beurre et 100 g de fromage râpé. Mélanger avec les aromates. Faire chauffer le pain, le trancher et le tartiner de beurre au fromage. Remettre au four pour faire fondre le fromage, assaisonner et servir.

Champignons à l'ail

INGRÉDIENTS

75 g de beurre
750 g de petits champignons de Paris (ou uniquement les chapeaux)
Quelques gouttes de jus de citron
Sel et poivre noir
3 cuil. à café d'ail écrasé
1 cuil. à soupe de coriandre ou de persil haché

PRÉPARATION

- Faire fondre le beurre dans une grande casserole.
- Ajouter les champignons et les faire suer légèrement, couverts, pendant 5 minutes, en secouant la casserole de temps en temps.
- Ajouter le jus de citron, le sel et le poivre.
- Porter à feu vif en remuant bien les champignons.
- Ajouter l'ail, mélanger et laisser cuire pendant 2 minutes.
- Ajouter le coriandre ou le persil et laisser cuire pendant 1 minute. Retirer du feu et servir.

Épi de maïs au beurre d'ail

PRÉPARATION

- Ôter les feuilles vertes de l'épi. Plonger l'épi dans de l'eau bouillante salée avec un filet d'huile d'olive.
- Laisser mijoter pendant 20 minutes, jusqu'à ce que le maïs soit tendre.
- Retirer du feu et égoutter.
- Couvrir généreusement l'épi de beurre d'ail (voir la recette du Pain à l'ail).
- Saler et poivrer.

Patatas Bravas I

INGRÉDIENTS

4 cuil. à soupe d'huile d'olive
8 pommes de terre moyenne (pelées et coupées si elles ne sont pas nouvelles)
2 oignons émincés
1 cuil. à soupe d'huile pimentée (voir Recettes de base)
8 tranches de bacon, hachées
1 cuil. à café d'ail
Sel et poivre

PRÉPARATION

- Faire chauffer l'huile, ajouter les pommes de terre et les frire jusqu'à ce qu'elles soient tendres, en remuant régulièrement. Retirer du feu et garder dans une assiette chaude.
- Ajouter les oignons et l'huile pimentée, et faire frire jusqu'à ce qu'ils soient cuits. Ajouter le bacon et cuire pendant 3-4 minutes en remuant. Ajouter l'ail 2 minutes avant la fin, pour ne pas qu'il brûle. Assaisonner. Verser sur les pommes de terre et servir.

Patatas Bravas II

Cette variante emploie une sauce pimentée légèrement sucrée.

INGRÉDIENTS

1 oignon émincé
2 cuil. à soupe d'huile d'olive
1 feuille de laurier
2 piments rouges
2 cuil. à café d'ail
1 cuil. à soupe de concentré de tomates
1/2 cuil. à soupe de sucre (ou 1 cuil., si la sauce est trop acide à votre goût)
1 cuil. à soupe de sauce soja
1 boîte de 450 g de tomates, hachées
1 verre de vin blanc
Sel et poivre noir
8 pommes de terre moyennes

PRÉPARATION DE LA SAUCE

◆ Faire revenir les oignons dans l'huile avec la feuille de laurier.
◆ Lorsqu'ils sont cuits, ajouter les piments, l'ail, le concentré de tomates, le sucre et la sauce soja. Faire revenir 5 minutes à feu doux.
◆ Ajouter les tomates hachées et le vin blanc. Bien mélanger et porter à ébullition. Laisser mijoter pendant 10 minutes. Goûter et assaisonner.

Cette sauce est légèrement sucrée ; le goût des tomates doit rester discret.

PRÉPARATION DES POMMES DE TERRE

◆ Couper les pommes de terre en dés.
◆ Beurrer un plat à four. Assaisonner les pommes de terre et les arroser de beurre fondu.
◆ Faire dorer à four chaud (230 °C, th. 8).
◆ Verser la sauce tomate sur les pommes de terre et servir.

Salade de pommes de terre aux anchois

INGRÉDIENTS

500 g de pommes de terre lavées, pelées et coupées en morceaux
1 cuil. à soupe de crème d'anchois
60 ml de mayonnaise (voir Recettes de base)
2 cuil. à café de persil haché
1/2 cuil. à café de poivre noir fraîchement moulu

PRÉPARATION

- Plonger les pommes de terre dans une casserole d'eau salée, porter à ébullition et laisser cuire à feu doux pendant 10 minutes environ.
- Égoutter et laisser refroidir sous le robinet d'eau froide.
- Mélanger la crème d'anchois à la mayonnaise, avec le persil et le poivre ; goûter. Pour un goût plus fort, ajouter de la crème d'anchois.
- Mélanger délicatement les pommes de terre et la sauce avant de servir.

Croquettes de fromage et de pommes de terre

INGRÉDIENTS

- *1 kg de pommes de terre*
- *2 jaunes d'œuf*
- *50 g de beurre*
- *Sel et poivre*
- *1 pincée de noix de muscade*
- *1 petit verre de xérès*
- *100 g de parmesan râpé*
- *1 pointe de moutarde*
- *2 cuil. à soupe de persil haché*
- *Farine*
- *1 œuf battu dans un peu de lait*
- *Chapelure*

PRÉPARATION

- Laver et peler les pommes de terre ; les couper en morceaux égaux. Cuire dans l'eau salée et égoutter.
- Couvrir la casserole de pommes de terre et mettre à feu doux afin de supprimer l'humidité, en les remuant de temps à autre pour les empêcher d'accrocher.
- Passer les pommes de terre au mixeur avec les jaunes d'œuf, le beurre et les condiments.
- Ajouter la muscade, le xérès, le parmesan, la moutarde et le persil. On doit obtenir une purée très ferme. Si la préparation est trop mixée et collante, rajouter un peu de farine à la main.
- Vérifier l'assaisonnement et former de petits cylindres de 13 x 5 cm.
- Rouler dans la farine, puis dans l'œuf battu et enfin dans la chapelure.
- Faire frire à l'huile chaude (185 °C) jusqu'à ce que les croquettes dorent. Égoutter et servir.

N.B. : Si vous voulez préparer les croquettes pour les frire plus tard ou le lendemain, disposez-les sur un plateau, couvrez-les de film plastique et mettez-les au réfrigérateur.

Tartelettes aux asperges

Les asperges sont très communes en Espagne mais, par souci d'économie, on peut les allonger avec de la laitue ou autre salade verte pommée. Si vous utilisez des asperges fraîches, gardez quelques pointes pour la décoration.

INGRÉDIENTS

500 g d'asperges fraîches, ou 1 boîte de 500 g de pointes d'asperge
Le jus d'1 citron
1 oignon moyen, finement émincé
50 g de beurre
1/2 laitue
1 cuil. à café d'ail écrasé
Sel et poivre fraîchement moulu
2 cuil. à soupe de vin blanc sec
1/4 l de crème fleurette
4 œufs, plus 1 jaune d'œuf
100 g de fromage, manchego de préférence
200 g de pâte brisée (voir Recettes de base)
1 moule à tarte de 20 cm, ou 10 moules à tartelettes

PRÉPARATION

- Si vous utilisez des asperges fraîches : éliminer la partie blanche fibreuse et couper le reste en morceaux de 1,5 cm. Garder les pointes de côté.
- Plonger les asperges dans une casserole d'eau bouillante salée, additionnée de jus de citron.
- Laisser cuire pendant 8 à 10 minutes, en ajoutant les pointes au bout de 5 minutes.
- Retirer la casserole du feu, la couvrir d'un tamis et la laisser sous l'eau froide dans l'évier. Le tamis empêche les pointes de se briser.
- Si vous utilisez des asperges en boîte : bien rincer et vérifier qu'elles sont coupées de façon régulière.
- Faire fondre l'oignon dans le beurre, en le couvrant, à feu doux.
- Ajouter la laitue finement hachée et remuer.
- Ajouter l'ail et les assaisonnements.
- Arroser de vin, mélanger et cuire jusqu'à ce que la laitue fonde. Ajouter un peu d'eau si nécessaire. Couvrir et laisser mijoter pendant 5 minutes.
- Retirer du feu et laisser refroidir.
- Ajouter les asperges au mélange oignon et laitue.
- Beurrer et fariner le moule à tarte ou les 10 petits moules et les garder dans un endroit frais.
- Garnir le(s) moule(s) de pâte à tarte, recouvrir de papier d'aluminium, parsemer de haricots secs ou de riz et mettre à four chaud (230 °C, th. 7) pendant 5 à 8 minutes. Ôter le papier d'aluminium et les haricots.
- Mélanger la crème fleurette avec les œufs, saler et poivrer. Battre vigoureusement. Ajouter le fromage râpé et battre de nouveau.
- Verser la préparation à l'asperge dans le mélange crème et œufs en remuant bien.
- En garnir le(s) moule(s) et disposer les pointes sur le dessus.
- Mettre à four moyen (180 °C, th. 4) pendant 10 minutes pour les tartelettes, ou pendant 15 minutes pour la grande tarte.

La garniture doit être dorée et légèrement ferme au toucher.

Concombres pimentés au vinaigre

Cette délicieuse tapa *accompagne aussi très bien les currys.*

INGRÉDIENTS

2 concombres
Sel
2 piments rouges, ou 1 cuil. à soupe d'huile pimentée (voir Recettes de base)
1 cuil. à café d'ail écrasé
Poivre noir fraîchement moulu
Vinaigre de vin blanc
Sucre

PRÉPARATION

- Peler les concombres et les couper en fines rondelles.
- Les étaler sur un plateau et les faire dégorger au sel pendant 2 heures.
- Rincer à l'eau et égoutter.
- Hacher les piments en éliminant les graines.
- Mélanger les piments aux concombres, en ajoutant l'ail et le poivre.
- Dresser dans un bocal, de préférence avec un couvercle qui se visse.
- Arroser de vinaigre et ajouter suffisamment de sucre pour ôter l'acidité. Bien mélanger et couvrir.

Cette recette peut se consommer dès le lendemain ou se conserver pendant un an.

Concombre à la menthe et au piment

INGRÉDIENTS

1 concombre râpé, dégorgé au sel dans une passoire
1 grosse tomate pelée (la passer 10 secondes à l'eau bouillante puis dans l'eau froide)
1/2 cuil. à café d'ail haché
1 bouquet de menthe haché
1 yaourt nature
1 pot à yaourt de crème fraîche
1 cuil. à café de cumin
2 piments rouges, épépinés et hachés
Sel et poivre

PRÉPARATION

- Faire dégorger le concombre et bien égoutter, en le pressant.
- Couper la tomate en petits dés; éliminer les graines.
- Mélanger tous les ingrédients dans un saladier, assaisonner et mettre au réfrigérateur.

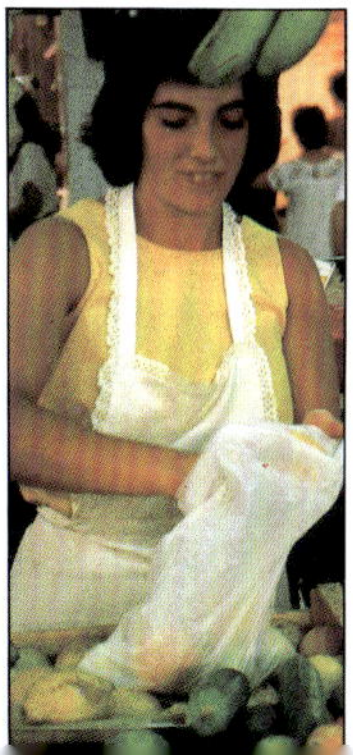

Olives extra-grosses cuites

Pour 5 coupelles d'olives

INGRÉDIENTS

1 *bocal de grosses olives, incisées tout autour du noyau mais pas complètement.*
1 *oignon haché*
2 *cuil. à soupe d'ail écrasé*
1 *feuille de laurier*
2 *cuil. à soupe d'huile d'olive*
2 *cuil. à soupe de vinaigre de vin rouge*

PRÉPARATION

- Mettre les ingrédients dans une casserole. Arroser d'eau et verser de l'huile de façon à former une couche protectrice sur le dessus.
- Porter à ébullition, couvrir et laisser mijoter pendant 4 à 6 heures, jusqu'à ce que les olives deviennent tendres.

Les olives ainsi préparées se conservent 2 semaines au réfrigérateur.

Haricots verts en salade

INGRÉDIENTS

- *500 g de haricots verts épluchés*
- *50 g de beurre*
- *60 ml d'huile d'olive*
- *1/2 oignon moyen, finement émincé*
- *Sel et poivre*
- *1/4 l de bouillon de poulet (voir Recettes de base)*
- *1 cuil. à soupe d'ail écrasé*

PRÉPARATION

- Plonger les haricots dans une casserole d'eau bouillante salée et laisser cuire pendant 6 à 8 minutes, de façon qu'ils restent fermes. Bien égoutter.
- Faire fondre le beurre dans une sauteuse, ajouter l'huile d'olive et porter à feu doux.
- Ajouter l'oignon et laisser cuire 3 à 4 minutes.
- Ajouter les haricots, le sel et le poivre, et bien mélanger. Arroser de bouillon et ajouter l'ail.
- Couvrir et laisser cuire 10 minutes environ, jusqu'à ce que les haricots soient tendres. Bien assaisonner et servir.

Dans le sud de l'Espagne, la variété des paysages, sauvages ou modifiés par l'homme, est à la hauteur de l'impressionnante architecture.

À gauche *Séville, dans la torpeur de midi*

Au centre *Ronda est une petite ville perchée de part et d'autre d'une gorge de 300 m de haut*

À droite et page ci-contre *un ciel d'azur typique et le parador (hôtel restauré et géré par l'État) de Carmona*

Purée de haricots rouges

Cette recette accompagne très bien les tapas de viande.

Ingrédients

- *1 boîte de 450 g de haricots rouges*
- *1 piment rouge*
- *1 oignon moyen*
- *2 cuil. à café d'ail écrasé*
- *1 cuil. à café de paprika*
- *Sel et poivre noir*
- *5 tasses d'eau*
- *6 tranches de jambon cru, sans couenne*
- *50 g de beurre*

Préparation

- Mettre les 7 premiers ingrédients dans une casserole, porter à ébullition et laisser mijoter pendant 40 minutes.
- Passer un quart du volume au mixeur et réduire en purée. Repasser la purée de haricots au mixeur, avec les haricots entiers.
- Hacher le jambon.
- Passer le jambon 10 minutes à l'eau bouillante pour le dessaler.
- Le sortir de l'eau et égoutter.
- Faire fondre le beurre dans une poêle et y frire le jambon.
- Ajouter les haricots, peu à peu, et écraser avec le dos d'une cuillère. Bien assaisonner.

Les haricots doivent former une purée épaisse. Parsemer de persil et servir. Cette purée peut se faire frire plusieurs fois ; elle n'en sera que meilleure.

Cœurs d'artichauts à la tomate et au citron

INGRÉDIENTS

6 artichauts
1 cuil. à café de farine
1/2 l d'eau froide
Sel
Le jus d'1 citron

PRÉPARATION DES ARTICHAUTS

- Couper les tiges et retirer les feuilles du dessous.
- Avec un grand couteau, couper l'artichaut en ne laissant que 2,5 cm de feuilles à la base du légume.
- En tenant l'artichaut à l'envers, peler délicatement avec un couteau de cuisine, en ôtant toutes les feuilles et parties vertes. Garder les fonds aussi intacts et lisses que possible.
- Les frotter immédiatement de citron et les conserver dans de l'eau additionnée de jus de citron.
- Avec une cuillère ou vos doigts, retirer le foin des fonds. Cette opération devrait être facile, mais si vous n'y arrivez pas, sachez que vous pourrez le faire plus aisément une fois l'artichaut cuit.
- Les fonds d'artichauts doivent toujours être cuits dans un blanc pour garder leur couleur.

CUISSON DES ARTICHAUTS

- Mélanger la farine et l'eau, puis ajouter le sel et le jus de citron.
- Passer le mélange au tamis dans une casserole et porter à ébullition, sans cesser de remuer.
- Ajouter les artichauts.
- Laisser mijoter à feu doux pendant 20 minutes environ, jusqu'à ce qu'ils soient tendres. Égoutter.

INGRÉDIENTS POUR LA SAUCE

75 g de beurre
1 petit oignon finement haché
1 cuil. à café d'ail écrasé
4 tranches de jambon cru haché ou de jambon fumé
1 boîte de 225 g de tomates ou 2 grosses tomates pelées, épépinées et hachées
1 cuil. à soupe de persil haché
Sel et poivre
Le jus de 2 citrons
Les 6 fonds d'artichauts cuits

PRÉPARATION

- Faire fondre le beurre dans une casserole. Faire revenir l'oignon, l'ail et le jambon pendant 5 minutes à feu doux.
- Ajouter la tomate et le persil. Assaisonner et porter à ébullition.
- Ajouter le jus de citron.
- Ajouter les fonds d'artichaut coupés en 5 ou 6 triangles (les couper en 2, puis chaque moitié en 2 ou 3).
- Les faire réchauffer à feu doux, en remuant. Si le mélange est trop acide, ajouter une pincée de sucre.

Servir avec du pain frais et une salade de tomates.

Courgettes farcies

INGRÉDIENTS

6 petites courgettes
1/2 oignon moyen finement haché
1 cuil. à soupe d'huile d'olive
200 g d'agneau haché
3 tranches de jambon cru finement hachées
Sel et poivre noir fraîchement moulu
1 cuil. à café de concentré de tomates
1/2 cuil. à café de sucre
1 cuil. à café d'ail écrasé
1 cuil. à soupe d'eau
1 tomate pelée et hachée
1/2 yaourt nature
12 feuilles de menthe hachées
50 g de parmesan râpé
1 cuil. à soupe de persil haché

PRÉPARATION

- Couper la base et la pointe des courgettes et les faire cuire à l'eau bouillante salée pendant 5 minutes. Les couper dans le sens de la longueur et, à l'aide d'une petite cuillère, ôter les graines du centre.
- Faire fondre l'oignon dans l'huile.
- Ajouter l'agneau haché, le jambon, le sel et le poivre. Bien mélanger.
- Ajouter le concentré de tomates, le sucre, l'ail et l'eau.
- Faire mijoter 15 minutes environ, jusqu'à ce que la viande soit cuite.
- Incorporer la tomate, le yaourt et les feuilles de menthe.
- Remplir les courgettes de ce mélange. Saupoudrer de parmesan et de poivre. Mettre à four chaud (200 °C, th. 6) jusqu'à ce que le fromage fonde. Parsemer de persil et servir.

Courgettes à l'aneth

Ingrédients

60 ml d'huile d'olive
25 g de beurre
1 oignon haché
1 cuil. à café d'ail écrasé
500 g de courgettes, coupées à leurs extrémités et tranchées en rondelles épaisses
1/2 cuil. à café de poivre noir
2 cuil. à café de paprika
1 cuil. à soupe d'aneth haché (uniquement les feuilles)
125 g de crème fleurette
Sel

Préparation

- Faire chauffer l'huile et le beurre dans une grande poêle. Faire revenir l'oignon et l'ail à feu doux jusqu'à ce qu'ils soient tendres. Augmenter le feu.
- Ajouter les courgettes et le poivre, et bien mélanger.
- Laisser cuire pendant 5 à 10 minutes, en retournant les courgettes de temps à autre.
- Lorsqu'elles brunissent, ajouter le paprika, l'aneth et la crème fraîche. Assaisonner et servir.

Si vous souhaitez en faire un accompagnement de viande, râper les courgettes et ajouter 2 cuillerées à soupe de crème fraîche épaisse.

Feuilles de chou farcies

Pour cette recette, on peut remplacer le chou par de grandes feuilles d'épinard ou de romaine.

INGRÉDIENTS

1 gros chou vert
1 cuil. à café de paprika
Sel et poivre
1/2 cuil. à soupe de persil haché
500 g d'agneau haché
50 g de beurre
1 oignon finement haché
1 cuil. à soupe d'ail écrasé
1 piment rouge, épépiné et haché
1 cuil. à café de concentré de tomates
1 verre de jus de tomate
1 cuil. à café de sauce soja
1/4 l de bouillon de poulet (voir Recettes de base)
100 g de champignons finement hachés
75 g de cacahuètes salées écrasées

PRÉPARATION DU CHOU

- Ôter les feuilles extérieures. Détacher précautionneusement les grandes feuilles entières et retirer la partie épaisse de la tige.
- Plonger les feuilles dans une casserole d'eau salée bouillante et laisser mijoter 5 minutes.
- Retirer les feuilles de l'eau et les plonger dans l'eau froide.
- Une fois refroidies, les disposer sur un torchon propre et les essorer délicatement à l'aide d'un autre torchon. Placer les feuilles de sorte que l'intérieur soit tourné vers vous.

PRÉPARATION DE LA FARCE

- Dans un grand récipient, travailler le paprika, le sel, le poivre et le persil avec l'agneau haché.
- Faire fondre le beurre dans une casserole. Ajouter l'oignon et laisser cuire à feu doux.
- Ajouter l'agneau, l'ail, le piment et le concentré de tomates.
- Verser le jus de tomate, la sauce soja et le bouillon et mélanger. Ajouter les champignons et les cacahuètes.
- Laisser mijoter pendant 30 minutes, en remuant de temps en temps. Retirer du feu et laisser refroidir. Vérifier l'assaisonnement. Si le mélange est encore liquide, ajouter un peu de farine.
- Lorsque la farce est froide, en déposer une petite quantité au centre des feuilles de chou, en repliant les bords extérieurs par-dessus et en disposant les feuilles ainsi pliées dans un plat à four beurré (côté plié en bas).

N.B. : Si les feuilles sont un peu déchirées ou trop petites, en utiliser deux pour envelopper la farce.

- Quand toutes les feuilles de chou sont dans le plat, arroser de bouillon de façon à les recouvrir à moitié. Couvrir le plat de papier d'aluminium – percé à l'aide d'une fourchette – et pocher au four (200 °C, th. 6) pendant 20 minutes.
- Retirer délicatement les feuilles du plat à l'aide d'une grande cuillère et les arroser légèrement de jus de cuisson.

Poivrons à la tomate et à l'ail

Cette tapa estivale peut se consommer chaude ou froide ; elle est encore meilleure le lendemain.

INGRÉDIENTS

- *150 ml d'huile d'olive*
- *2 poivrons jaunes, épépinés et coupés en fines lamelles*
- *2 poivrons rouges, épépinés et coupés en fines lamelles*
- *2 poivrons verts, épépinés et coupés en fines lamelles*
- *1 cuil. à soupe de persil haché*
- *2 cuil. à café d'ail écrasé*
- *225 g de tomates fraîches ou en boîte*
- *Sel et poivre*

PRÉPARATION

- Chauffer l'huile dans une poêle et faire revenir les poivrons à feu doux pendant 2-3 minutes, en mélangeant fréquemment. Ajouter le persil et l'ail et laisser cuire 2 minutes.
- Ajouter les tomates concassées et leur jus. Mélanger et assaisonner.
- Couvrir la poêle et laisser mijoter pendant 20 minutes environ, jusqu'à ce que les poivrons soient tendres.
- La sauce doit être très épaisse ; si nécessaire, retirer les poivrons et la faire rapidement bouillir pour réduire le liquide. Vérifier l'assaisonnement.

N.B. : Si vous aimez les plats épicés, remplacer l'huile d'olive par de l'huile pimentée (voir Recettes de base).

Poivrons verts farcis au piment

INGRÉDIENTS

1 oignon finement haché
60 ml d'huile, ou 50 g de beurre
3 gros poivrons verts ou 6 petits
500 g de bœuf ou de porc haché
2 cuil. à café d'ail écrasé
6 piments rouges finement hachés
1/2 cuil. à café d'origan
1 feuille de laurier
1/2 l d'eau
Sel et poivre
2 cuil. à café de concentré de tomates
1 cuil. à café de basilic haché
2 grosses tomates pelées et hachées
1 boîte de 225 g de haricots rouges
100 g de fromage manchego râpé

PRÉPARATION DE LA FARCE

- Faire revenir l'oignon dans l'huile ou dans le beurre.
- Ajouter la viande, l'ail, le piment, l'origan, le laurier, l'eau, le sel, le poivre, le concentré de tomates et le basilic. Faire cuire sans cesser de remuer jusqu'à ébullition.
- Baisser le feu et laisser mijoter pendant 45 minutes, en remuant de temps en temps.
- Ajouter les haricots et les tomates, assaisonner et porter à ébullition. Retirer du feu.

PRÉPARATION DES POIVRONS

- Ôter la queue des poivrons et les plonger dans l'eau bouillante salée pendant 5 minutes.
- Faire immédiatement refroidir à l'eau froide et égoutter.
- Si les poivrons sont gros, les couper en deux dans le sens de la longueur et retirer les graines. Les remplir de farce.
- Saupoudrer de fromage et mettre au four (200 °C, th. 6) jusqu'à ce que le fromage fonde.
- Si les poivrons sont petits, découper des couvercles et les réserver.
- Retirer délicatement les graines et l'intérieur.
- Couper la base de façon qu'ils tiennent droits, sans toutefois la percer.
- Remplir de farce et saupoudrer de fromage.
- Disposer sur une plaque de cuisson avec le couvercle à côté et enfourner. Lorsque le fromage est fondu, remettre le couvercle et servir.

Poivrons verts farcis au colin et au fromage

Ingrédients

3 gros poivrons verts ou 6 petits
500 g de colin
Sel et poivre
1 l de lait
100 g de beurre
100 g de farine
1 pincée de noix de muscade
200 g de fromage manchego râpé

Préparation des poivrons

- Plonger les poivrons dans une casserole d'eau bouillante salée. Couvrir et laisser mijoter pendant 5 minutes.
- Égoutter et laisser refroidir. Retirer les graines et l'intérieur. Pour les petits poivrons, conserver le couvercle et couper la base de façon qu'ils tiennent bien droit. Pour les gros poivrons, les couper en deux dans le sens de la longueur.

Préparation de la farce

- Ôter la peau et les arêtes du poisson et le disposer dans un plat à rôtir. Assaisonner et arroser de lait. Faire cuire à four chaud (220 °C, th. 7) jusqu'à ce que le poisson s'émiette.
- Passer le lait et le réserver. Mettre le poisson de côté.
- Faire fondre le beurre dans une casserole. Incorporer la farine et faire cuire jusqu'à obtention d'une consistance sableuse, en mélangeant fréquemment.
- Ajouter peu à peu le lait du poisson, en remuant bien à l'aide d'une cuillère en bois.
- Lorsque tout le lait est versé, bien mélanger et laisser mijoter pendant 15 minutes.
- Ajouter la muscade et le fromage et laisser cuire jusqu'à ce que celui-ci fonde.
- Ajouter le poisson.
- Assaisonner, retirer du feu et en remplir les poivrons.
- Disposer les poivrons sur une plaque de cuisson et mettre à four chaud (230 °C, th. 8) pendant 10 minutes.

Aubergine au fromage et aux crevettes

INGRÉDIENTS

1 grosse aubergine
Sel
50 g de farine
Huile d'olive
1/4 l de sauce épaisse au fromage

PRÉPARATION

- Préparer l'aubergine. La faire dégorger en la coupant en fines rondelles et en les saupoudrant de sel. Les laisser ainsi 20 minutes afin qu'elles rendent l'eau. Les éponger soigneusement avec un torchon ou du papier absorbant.
- Les passer dans la farine, en ôtant tout excédent.
- Dans une grande poêle, verser suffisamment d'huile pour couvrir le fond et faire chauffer.
- Disposer les rondelles d'aubergine farinées dans l'huile et les faire frire de chaque côté jusqu'à ce qu'elles soient dorées.
- Les retirer de la poêle et les égoutter sur du papier absorbant ou sulfurisé. Les disposer avec soin sur un plat et les réserver.

Sauce au fromage

Note : il se peut que cette sauce soit plus épaisse que celle que vous avez l'habitude d'utiliser.

INGRÉDIENTS

50 g de beurre
50 g de farine
1/4 l de lait réchauffé
1/2 petit oignon
1 feuille de laurier
1 pincée de muscade
75 g de manchego ou de parmesan râpé
150 g de crevettes
1 cuil. à soupe de crème fraîche
1 jaune d'œuf
Sel et poivre

PRÉPARATION

- Faire fondre le beurre dans une casserole.
- Incorporer la farine et faire cuire à feu doux pour former une pâte.
- Ajouter peu à peu le lait chaud, sans cesser de remuer, jusqu'à obtention d'un mélange lisse.
- Ajouter l'oignon, la feuille de laurier et la muscade, et laisser cuire à feu doux 20 minutes.
- Passer au tamis.
- Incorporer le fromage et la crème fraîche.
- Retirer du feu et ajouter le jaune d'œuf en battant vigoureusement. Assaisonner.
- Ajouter les crevettes dans la sauce.
- Disposer les rondelles d'aubergines sur une plaque de four.
- Déposer un peu de sauce au fromage et aux crevettes sur chacune.
- Saupoudrer de parmesan râpé et mettre à four chaud (200 °C, th. 6) jusqu'à ce qu'elles dorent. Servir sur de petites assiettes.

Œufs et fromages

Fromage de chèvre à l'estragon et à l'ail

Tâchez de vous procurer du véritable fromage de chèvre manchego, ferme et doux au goût. N'ôtez pas la croûte ; coupez-le en dés et laissez-le mariner.

Préparation

- Couvrir le fromage d'huile d'olive et de :
  1 cuil. à soupe de vinaigre de vin blanc par litre d'huile
  1 bouquet d'estragon avec les tiges hachées
  1 gousse d'ail par litre d'huile
  Grains de poivre noir
- Laisser mariner au moins 4 jours dans un bocal ou un récipient en terre avant de consommer.

Manchego au piment

Cette tapa épicée doit être servie avec beaucoup de pain frais, un quartier de citron et de la bière bien fraîche.

INGRÉDIENTS

6 piments rouges, épépinés et hachés

1/4 l d'huile d'olive

Sel et poivre

400 g de fromage manchego

PRÉPARATION

- Mélanger le piment à l'huile d'olive, en ajoutant une pincée de sel et de poivre.
- Couper le fromage en dés.
- Arroser d'huile et laisser mariner au moins 2 heures.

Tortilla Española

RECETTE DE BASE POUR 1 TORTILLA

INGRÉDIENTS

3 pommes de terre
3 cuil. à soupe d'huile d'olive
1 oignon finement haché ou émincé
Sel et poivre noir
3 œufs

PRÉPARATION

N.B. : Si, pendant la friture, le mélange devient un peu sec, ajouter de l'huile.

- Laver les pommes de terre. Il n'est pas nécessaire de les peler, mais les Espagnols le font systématiquement. Les couper en fines rondelles et les plonger dans une casserole d'eau froide salée. Porter à ébullition et laisser cuire 5 minutes. On peut également faire sauter les pommes de terre.
- Faire chauffer l'huile dans une poêle.
- Lorsque l'huile est très chaude, ajouter soigneusement l'oignon. Bien remuer.
- Ajouter les rondelles de pomme de terre. Secouer la poêle et remuer pour les empêcher d'accrocher. Assaisonner légèrement de sel et de poivre.
- Dans un récipient, battre les œufs et bien assaisonner.
- Réduire le feu des pommes de terre et laisser cuire jusqu'à ce qu'elles brunissent, en remuant fréquemment.
- Verser le mélange de pommes de terre et d'oignon dans les œufs battus et bien mélanger.
- Remettre la poêle sur le feu et, lorsqu'elle est chaude, verser le mélange, qui prendra immédiatement. Laisser cuire 2 minutes, puis retourner la tortilla selon la méthode de votre choix :
  Faire glisser la tortilla dans une autre poêle chaude huilée que vous mettrez par-dessus la première avant de la retourner, ou
  Poser une grande assiette sur la tortilla et retourner la poêle. Faire glisser la tortilla de nouveau dans la poêle, côté cuit dessus.

Toutes sortes d'ingrédients peuvent être utilisés dans la tortilla : poivron vert (coupé en lamelles et ajouté à l'oignon), champignons, jambon, fromage, etc.

Croquettes « Paella »

Ces croquettes forment de délicieux amuse-gueules.

INGRÉDIENTS

400 g de riz rond
1 oignon moyen grossièrement haché
1 feuille de laurier
1 cuil. à café d'ail écrasé
1 cuil. à café de bouillon de poulet (ou 1 cube)
1 cuil. à soupe d'huile d'olive
2 cuil. à café de curcuma
3 volumes d'eau (pour 1 volume de riz), ou de bouillon de poulet de préférence (voir Recettes de base)
250 g de chorizo et de jambon fumé, mélangés en quantité égale de préférence (les salamis ou viandes épicées peuvent également être utilisés)
Farine
Œufs battus dans un peu de lait
Chapelure

PRÉPARATION

- Mettre le riz dans une casserole, avec l'oignon, le laurier, l'ail, le bouillon (ou cube), l'huile d'olive et le curcuma. Verser l'eau chaude.
- Mettre à feu vif et porter à ébullition. Laisser mijoter jusqu'à ce que le riz soit saturé et tendre, en remuant de temps en temps.
- Retirer du feu et laisser refroidir.
- Passer la viande au hachoir ou au mixeur.
- L'ajouter au riz refroidi, en remuant bien. Le mélange doit être malléable, de façon à former de petites boules. S'il est trop liquide, ajouter un peu de farine ou de chapelure.
- Façonner de petites boules, avec une quantité égale de riz et de viande.
- Rouler les boules dans la farine pour les en recouvrir légèrement.
- Les rouler ensuite dans les œufs battus, puis dans la chapelure. À ce stade, on peut conserver les croquettes au réfrigérateur jusqu'au lendemain.
- Faire frire à l'huile chaude (185 °C) jusqu'à ce qu'elles soient dorées et croustillantes. On peut les réchauffer ensuite au micro-ondes.

Pain frit à l'œuf et à l'ail

INGRÉDIENTS

3 œufs battus
Quelques gouttes d'eau chaude
2 cuil. à café d'ail écrasé
Sel et poivre
6 tranches de pain
3 cuil. à soupe d'huile d'olive

PRÉPARATION

- Battre les œufs dans un récipient avec quelques gouttes d'eau chaude.
- Ajouter l'ail et les condiments et bien mélanger.
- Faire chauffer l'huile dans une poêle à frire.
- Plonger les tranches de pain dans le mélange à l'œuf de façon à couvrir les deux côtés.
- Disposer chaque tranche dans la poêle.
- Faire frire jusqu'à ce qu'elles dorent.

Pour cette recette, l'huile doit être bien chaude afin que l'œuf prenne immédiatement. Le pain doit également être retourné rapidement pour empêcher que l'ail ne brûle.

Volailles

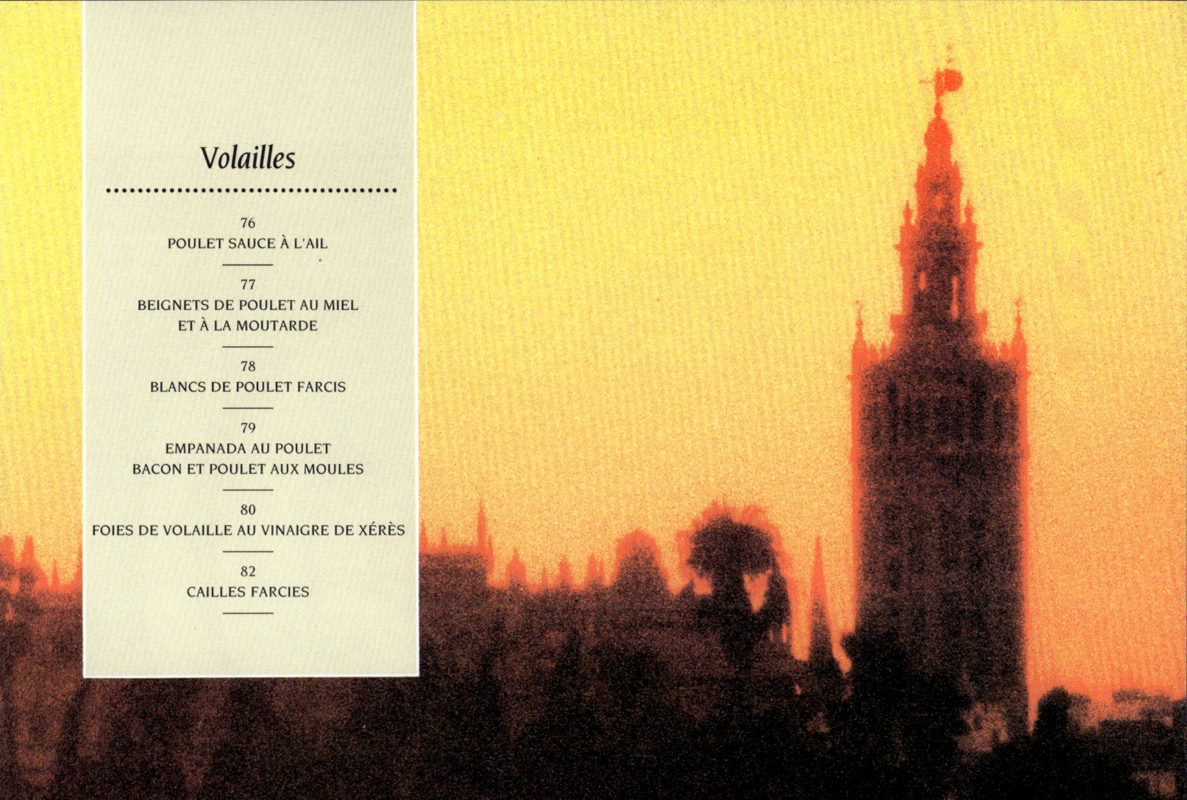

Poulet sauce à l'ail

Cette recette est rapide et les morceaux de poulet doivent être juste cuits.

INGRÉDIENTS

1 kg d'ailes de poulet ou 3 blancs
Farine
60 ml d'huile d'olive
25 g de beurre
1/2 verre de vin blanc
3 cuil. à café d'ail écrasé
1 cuil. à soupe de persil haché
1/2 l de bouillon de poulet (voir Recettes de base)
20 ml de xérès
20 ml de cognac
Sel et poivre

PRÉPARATION

- Couper le poulet en morceaux. Les passer dans la farine.
- Faire chauffer l'huile et le beurre dans une casserole.
- Ajouter les morceaux de poulet en remuant rapidement afin de bien les saisir sur toutes leurs faces.
- Ajouter le vin, l'ail et le persil.
- Faire réduire le vin de moitié et ajouter le bouillon de poulet. Bien mélanger.
- À ce stade, les plus petits morceaux de poulet doivent être cuits ; dans ce cas, les retirer et les réserver.
- Ajouter le xérès et le cognac.
- Assaisonner et servir.

Beignets de poulet au miel et à la moutarde

Ingrédients

- *3 blancs de poulet coupés en dés de 2,5 cm*
- *Sel et poivre*
- *2 œufs*
- *Farine*
- *4 cuil. à soupe d'huile d'olive*
- *120 ml de miel liquide*
- *1 cuil. à café de moutarde*
- *1 cuil. à café de sauce soja*

Préparation

- Mettre les morceaux de poulet dans une casserole. Assaisonner.
- Casser les œufs au-dessus du poulet et mélanger soigneusement avec les mains.
- Ajouter suffisamment de farine pour recouvrir les morceaux de poulet. Le mélange œuf et farine ne doit pas être liquide.
- Faire chauffer l'huile dans une poêle et faire sauter le poulet jusqu'à ce qu'il dore, environ 15 minutes, en retournant régulièrement les morceaux.
- Retirer du feu, ajouter le sel et le poivre.
- Mélanger le miel avec la moutarde et la sauce soja.
- Verser ce mélange sur le poulet et servir immédiatement.

Blancs de poulet farcis

Cette tapa se sert chaude ou froide, coupée en tranches.

INGRÉDIENTS

3 gros blancs de poulet, avec l'os des ailes
100 g de raisin vert sans pépins
50 g d'amandes hachées
200 g de fromage frais à température ambiante
1 œuf battu
Sel et poivre noir fraîchement moulu
1/4 l de bouillon de poulet (voir Recettes de base), ou de bouillon à pocher (voir ci-contre)

PRÉPARATION

◆ Préparation de la farce :
Peler les raisins en les plongeant dans l'eau bouillante pendant 10 secondes puis dans l'eau froide. La peau s'enlèvera facilement.
Hacher la pulpe de raisin et incorporer les amandes, le fromage frais et l'œuf battu.
Laisser reposer au réfrigérateur pendant 30 minutes.

INGRÉDIENTS POUR LE BOUILLON À POCHER

25 g de beurre
1/4 d'oignon moyen
1/4 l de bouillon de poulet (voir Recettes de base)
1 feuille de laurier
1 verre de vin blanc
6 grains de poivre

PRÉPARATION DU BOUILLON À POCHER

◆ Faire fondre le beurre dans une casserole, ajouter l'oignon et tous les autres ingrédients. Porter à ébullition.

◆ Préparation des blancs de poulet :
Ôter le filet de la poitrine.
En tenant l'os de l'aile de la main gauche, faire 2 incisions dans le sens de la longueur à l'aide d'un couteau tranchant en passant la lame vers les bords sans toutefois les percer.
Aplatir délicatement les filets.
Farcir les poches ainsi réalisés sans trop les remplir.
Replacer le filet sur la farce et replier les parties coupées du blanc par-dessus, afin de former une « enveloppe » bien refermée.

N.B. : Si vous percez le blanc de poulet en l'incisant, enduisez-le d'œuf avant de le mettre au four pour empêcher la farce de sortir.

◆ Assaisonner le poulet et le pocher légèrement dans du bouillon de poulet ou du bouillon à pocher pendant 20 minutes environ à four chaud (220 °C, th. 7).

Si vous servez ce plat chaud, laissez-le reposer 2 minutes et tranchez les blancs à l'aide d'un couteau bien aiguisé. Passer le jus et le chauffer pour le faire réduire. Arroser le poulet de ce jus.

Si vous servez ce plat froid, ôtez le poulet du bouillon et laissez refroidir. Mettez au réfrigérateur pendant 2 heures et tranchez à l'aide d'un couteau bien aiguisé.

Ces morceaux de poulet sont délicieux servis avec des toasts à l'ail :
◆ Découper la croûte de 6 tranches de pain épaisses.
◆ Huiler une plaque de four (à l'huile d'olive).
◆ Préparer du beurre d'ail (voir Recettes de base).
◆ Tartiner les tranches de pain de beurre d'ail et mettre à four chaud (230 °C, th. 8) pendant 10 minutes, jusqu'à ce qu'elles soient croustillantes.

Disposer une tranche de poulet sur chaque toast et dresser les toasts sur une grande assiette.

Empanada au poulet

Si vous souhaitez faire des empanadas individuels, découper des ronds de pâte de 15 cm de diamètre. Placez la farce sur une moitié et couvrir de l'autre moitié de pâte, en soudant bien les bords.

Ingrédients

- 450 g de pâte au levain (voir la recette de l'Empanada aux calamars)
- 50 g de beurre

Ingrédients pour la farce

- 4 cuil. à soupe d'huile d'olive
- 1 oignon haché
- 200 g de lard maigre haché
- 3 cuil. à café d'ail écrasé
- 1 poivron vert, épépiné et coupé en lamelles
- 2 piments, épépinés et hachés
- 1 cuil. à café de paprika
- 150 g de petits champignons de Paris émincés
- 75 g de raisins secs (facultatif)
- 2 cuil. à café de persil haché
- 2 cuil. à café de sauce soja
- 1 verre de vin blanc sec
- 1/4 l de bouillon de poulet (voir Recettes de base)
- 25 g de beurre
- 1 kg de blanc de poulet coupé en dés

Préparation

- Faire revenir l'oignon et le lard dans l'huile.
- Ajouter l'ail, le poivron, le piment, le paprika, les champignons et les raisins secs. Mélanger et ajouter le persil et la sauce soja.
- Arroser de bouillon et de vin, mélanger et laisser mijoter pendant 20 minutes.
- Dans une autre casserole, faire fondre le beurre et mettre les dés de poulet. Bien remuer jusqu'à ce qu'ils dorent sur toutes leurs faces et les incorporer aux légumes. Mélanger et laisser mijoter pendant 5 minutes.
- Retirer du feu.
- Remplir et cuire l'empanada comme dans la recette de l'Empanada aux calamars.

Bacon et poulet aux moules

Ingrédients

- 4 cuil. à soupe d'huile d'olive
- 1 oignon haché
- 6 tranches de bacon coupées en lamelles
- 3 blancs de poulet coupés en dés et passés à la farine
- 400 g de champignons finement émincés
- 2 cuil. à café d'ail écrasé
- Sel et poivre noir fraîchement moulu
- 1 verre de vin blanc sec
- 1/2 l de bouillon de poulet ou de poisson (voir Recettes de base)
- 1 kg de moules lavées et brossées
- 2 cuil. à soupe de persil haché

Préparation

- Faire revenir l'oignon dans l'huile à feu doux.
- Mettre à feu vif, ajouter le bacon et remuer.
- Ajouter les dés de poulet et remuer de nouveau de façon à saisir la viande sur toutes ses faces.
- Dans une autre casserole, mettre le vin, les champignons et l'ail. Faire réduire de moitié et ajouter au poulet.
- Arroser de bouillon et porter à ébullition.
- Ajouter les moules. Couvrir la casserole et la secouer.
- Cuire jusqu'à ce que les moules s'ouvrent. Assaisonner généreusement, verser dans des assiettes creuses et garnir de persil.

Foies de volaille au vinaigre de xérès

INGRÉDIENTS

1 cuil. à café de paprika
1 cuil. à café d'ail
1/2 cuil. à café de sel
1/2 cuil. à café de poivre noir
500 g de foies de volaille lavés
50 g de beurre fondu
1/2 oignon finement haché
4 cuil. à soupe de vinaigre de xérès
1 cuil. à café de sucre
1/4 l de bouillon de poulet (voir Recettes de base)
50 g de beurre doux

PRÉPARATION

- ◆ Mélanger le paprika, l'ail, le sel et le poivre dans un récipient. Rouler les foies dans ce mélange de façon qu'ils en soient bien couverts.
- ◆ Mettre le beurre fondu dans une poêle et le faire chauffer.
- ◆ Mettre les foies dans la poêle tout en remuant à feu vif. Continuer de remuer jusqu'à ce que les foies brunissent.
- ◆ Retirer les foies et les réserver dans un récipient chaud.
- ◆ Ajouter l'oignon dans la poêle et le faire fondre à feu doux.
- ◆ Remettre à feu vif, ajouter le vinaigre et le sucre. Faire cuire jusqu'à ce que le vinaigre soit presque entièrement réduit.
- ◆ Ajouter le bouillon, mélanger et réduire de moitié.
- ◆ Couper le beurre doux en petits morceaux et les verser dans la poêle en la secouant jusqu'à ce qu'ils fondent.
- ◆ Vérifier l'assaisonnement de la sauce et en arroser les foies. Dresser dans un grand plat ou plusieurs assiettes creuses individuelles.

GRANADA
IVA 2878
CAJA

Cailles farcies

INGRÉDIENTS

6 cailles

INGRÉDIENTS POUR LA FARCE

1 blanc de poulet
1 blanc d'œuf
Sel et poivre
125 ml de crème fraîche épaisse
50 g de raisins secs
50 g d'amandes entières, mondées et grossièrement hachées
1 pincée de noix de muscade

INGRÉDIENTS POUR LE BOUILLON À POCHER

3/4 l de bouillon
2 branches de persil
1 feuille de laurier
1 petit verre de porto
50 g de beurre doux

PRÉPARATION

◆ Si le boucher ne l'a pas déjà fait, désosser les cailles à l'aide d'un petit couteau tranchant :
Placer la caille sur le ventre et inciser le dos, du cou à la queue.
Glisser la lame du couteau sous la peau et contourner la carcasse jusqu'au bréchet.
La petite taille de la volaille rend difficile l'opération de désossement. Il est important de ne pas couper la peau. Si nécessaire, écraser la carcasse dans la région de l'aile, et sortir les os séparément, en conservant ceux des cuisses. Utiliser le reste des os pour le bouillon.
◆ Assaisonner la caille, et la garder au réfrigérateur pendant la préparation de la farce.

PRÉPARATION DE LA FARCE

◆ Éliminer les tendons et le gras du blanc de poulet.
◆ Hacher grossièrement le blanc et le passer au mixeur avec les blancs d'œuf.

N.B. : Tout les ingrédients utilisés à partir de ce stade doivent être réfrigérés, et les mélanges doivent s'effectuer au-dessus d'un bol de glace.

◆ Assaisonner le mélange.
◆ Au-dessus d'un bol de glace, incorporer progressivement la crème fraîche à l'aide d'une cuillère en bois.
◆ Incorporer les raisins, la muscade et les amandes.
◆ Bien assaisonner, car la crème fraîche et les œufs deviennent fades en cuisant.
◆ Étaler les cailles désossées.
◆ Diviser la farce en six portions et en remplir le centre de la caille, en formant un cylindre.
◆ Recouvrir de la peau en rentrant les bouts qui dépassent. La caille doit ressembler à une saucisse bien remplie, et non pas à une poire ou à un tube de dentifrice !
◆ À l'aide d'une aiguille et d'un fil (choisir une couleur voyante ; le fil dentaire coloré est idéal), coudre la caille de cinq ou six points.

◆ Cuisson de la caille :
Faire chauffer 50 g de beurre dans une casserole.
Saisir les cailles dans le beurre chaud et les disposer dans un plat à rôtir.
Verser le bouillon à pocher dans la casserole, porter à ébullition et assaisonner. Pocher à four chaud (230 °C, th. 8) pendant 30 minutes, jusqu'à ce qu'elles soient fermes.
◆ Retirer les cailles du jus, et le réduire de moitié sur le feu. Ajouter le beurre, morceau par morceau, puis le porto. Assaisonner et retirer du feu.
◆ Une fois sorties du four, les cailles doivent reposer 2 minutes. Retirer le fil, ce qui devrait se faire facilement. À l'aide d'un couteau bien aiguisé, couper les cailles en 3 ou 4 morceaux, les disposer sur une assiette et recouvrir de sauce.

Ce plat peut aussi se consommer froid, sans sauce.

Viandes

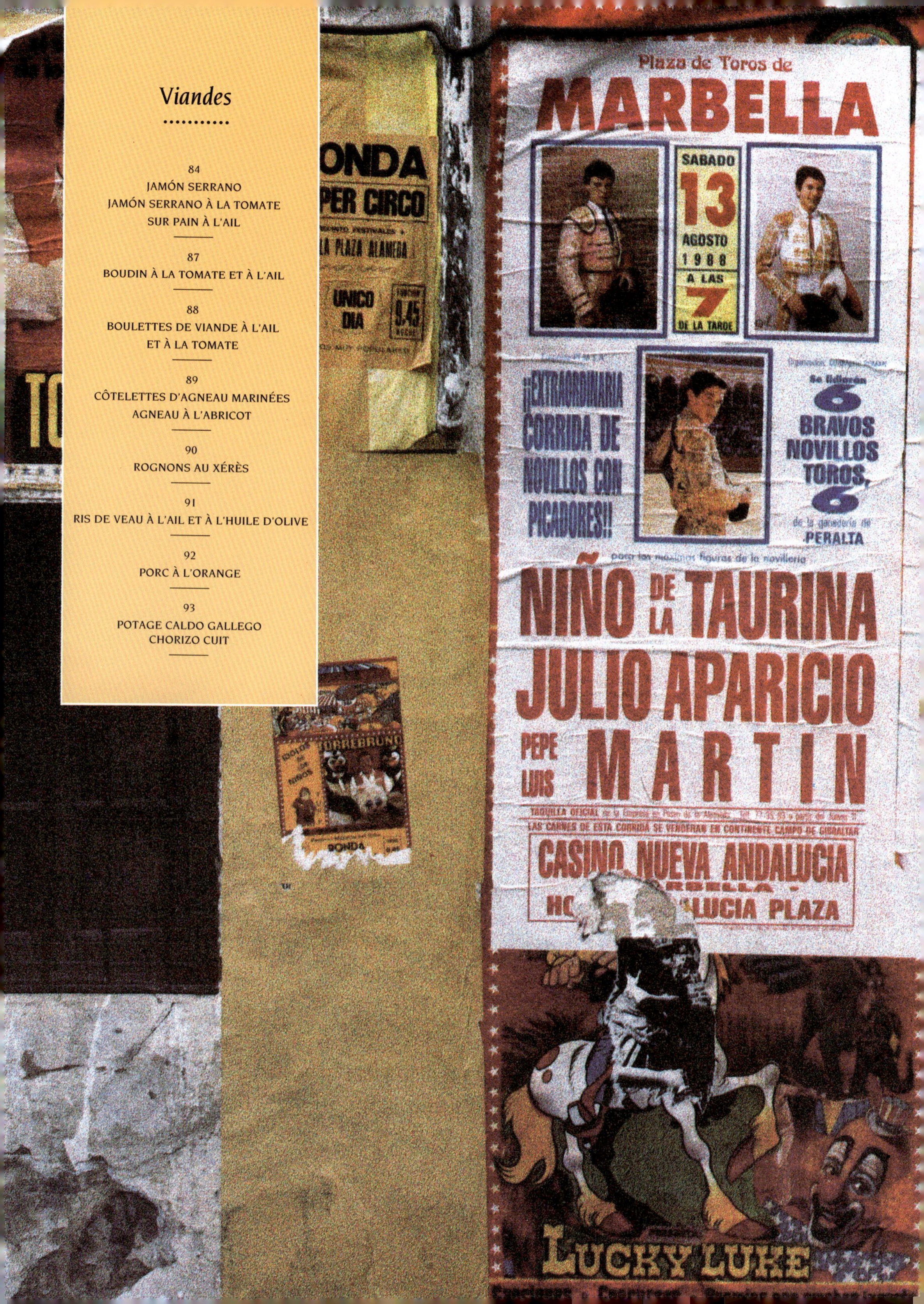

Plaza de Toros de
MARBELLA
SABADO
13
AGOSTO
1988
A LAS
7
DE LA TARDE
¡¡EXTRAORDINARIA CORRIDA DE NOVILLOS CON PICADORES!!
6 BRAVOS NOVILLOS TOROS, 6
PERALTA
NIÑO DE LA TAURINA
JULIO APARICIO
PEPE LUIS MARTIN
CASINO NUEVA ANDALUCIA
LUCKY LUKE
ONDA
PER CIRCO
LA PLAZA ALAMEDA
UNICO DIA

Jamón Serrano

Le jamón serrano *est un jambon fumé d'*Espagne.
On le sert généralement en fines tranches, ainsi qu'en accompagnement du melon (comme le prosciutto *italien).*

INGRÉDIENTS

300 g de jamón serrano, prosciutto ou autre jambon fumé, finement tranché et roulé

1 bocal d'olives farcies

2 citrons coupés en quartiers

PRÉPARATION

- Sur des bâtonnets de cocktail, piquer des morceaux de jambon roulés en alternance avec des olives, et servir accompagné de quartiers de citron.

Jamón Serrano à la tomate sur pain à l'ail

INGRÉDIENTS

6 tranches de pain à l'ail

2 grosses tomates émincées et arrosées de vinaigrette méditerranéenne (voir Recettes de base)

200 g de jamón serrano, prosciutto ou autre jambon fumé, finement tranché

1 oignon rouge finement émincé

100 g d'olives farcies, hachées

PRÉPARATION

- Préparer le pain à l'ail et le passer à four chaud jusqu'à ce qu'il soit croustillant sur les bords.
- Sur le pain, disposer une tranche de tomate, une tranche de jambon, une rondelle d'oignon et les olives hachées.

Boudin à la tomate et à l'ail

INGRÉDIENTS

30 ml d'huile d'olive
2 boudins noirs, finement tranchés
50 g de beurre
1 oignon haché
1 boîte de 225 g de tomates hachées
2 cuil. à café d'ail écrasé
2 cuil. à soupe de persil haché
Sel et poivre noir

PRÉPARATION

- Faire chauffer l'huile dans une grande poêle.
- Ajouter les tranches de boudin et faire cuire à feu vif, en remuant pour les empêcher de brûler.
- Lorsqu'elles sont cuites des deux côtés, faire glisser les tranches sur une plaque, et les conserver au chaud dans le four.
- Faire fondre le beurre dans la poêle.
- Faire fondre l'oignon pendant 5 minutes environ.
- Ajouter les tomates, l'ail, le persil, le sel et le poivre.
- Faire cuire 5 minutes, assaisonner.

Verser la sauce sur les tranches de boudin et garnir de persil.

Boulettes de viande à l'ail et à la tomate

Cette recette peut se préparer à l'avance et se réchauffer ultérieurement.

Ingrédients

1 kg d'agneau haché
50 g de chapelure
Sel et poivre noir
2 cuil. à café d'ail écrasé
1/2 cuil. à café de noix de muscade
2 œufs
50 g de farine
60 ml d'huile d'olive
1 gros oignon haché
1 poivron vert coupé en lamelles
1 boîte de 225 g de tomates, ou 2 grosses tomates pelées et grossièrement hachées
1 cuil. à soupe de concentré de tomates
1 verre de vin rouge sec
1/3 l de bouillon de poulet (voir Recettes de base)
1 cuil. à soupe de persil haché

Préparation

- Dans un grand récipient, mélanger l'agneau et la chapelure et bien assaisonner. Ajouter 1 cuillerée à café d'ail écrasé, la noix de muscade et les œufs.
- Former de petites boules, les rouler dans la farine.
- Faire chauffer l'huile dans une grande casserole et faire revenir l'oignon et le poivron jusqu'à ce qu'ils soient tendres.
- Ajouter les boulettes de viande et frire jusqu'à ce qu'elles soient brunes sur toutes leurs faces, en mélangeant bien.
- Ajouter le reste de l'ail, les tomates, le concentré de tomates, le vin et le bouillon. Couvrir et laisser mijoter pendant 40 minutes.
- Assaisonner, incorporer le persil et servir.

COTELETTES D'AGNEAU MARINÉES

Cette tapa est à la fois simple et très populaire.

INGRÉDIENTS

6 côtelettes d'agneau, sans gras

INGRÉDIENTS POUR LA MARINADE

2 cuil. à café de paprika
1 cuil. à café de cumin
1 cuil. à café de curcuma
1 piment rouge haché
1/2 branche de menthe hachée
4 cuil. à soupe d'huile d'olive

PRÉPARATION DE LA MARINADE

- Mélanger tous les ingrédients de la marinade et en enduire généreusement les côtelettes.
- Laisser reposer au réfrigérateur pendant au moins 1 heure.
- Cuire sous le grill chaud, ou au four pendant 10 minutes, jusqu'à ce que la viande soit tendre.

Ces côtelettes se consomment très bien telles quelles, mais il m'arrive toutefois de confectionner une sauce à la crème fraîche et à la purée d'abricots secs, avec :
200 g de crème fraîche
50 g d'abricots secs passés au mixeur
Du poivre noir fraîchement moulu

AGNEAU À L'ABRICOT

INGRÉDIENTS

750 g de filet d'agneau, coupé en morceaux de 2,5 cm assaisonnés

PRÉPARATION

- L'agneau sera piqué sur des brochettes et grillé, ou bien sauté à la poêle dans de l'huile ou du beurre chaud pendant 5 minutes environ.

INGRÉDIENTS POUR LA SAUCE

60 ml d'huile végétale
50 g de beurre
1 cuil. à café d'ail écrasé
150 g d'abricots en boîte, réduits en purée
75 g de beurre de cacahuètes
Le jus d'1 citron, selon le goût
Sel et poivre noir

PRÉPARATION DE LA SAUCE

- Faire chauffer l'huile et le beurre ensemble. Ajouter l'ail.
- Incorporer la purée d'abricots et le beurre de cacahuètes.
- Ne pas trop faire chauffer le beurre de cacahuètes ; de préférence, retirer la casserole du feu avant qu'il ne soit complètement dissous.
- Ajouter le jus de citron et assaisonner.
- Verser sur les morceaux d'agneau.

Rognons au xérès

INGRÉDIENTS

750 g de rognons d'agneau ou de veau
180 ml d'huile d'olive
2 cuil. à café d'ail écrasé
1 cuil. à café de paprika
2 oignons hachés
1 verre de xérès
1/4 l de bouillon de poulet (voir Recettes de base)
Sel et poivre
4 cuil. à café de persil haché
3 tranches de pain

PRÉPARATION

- Nettoyer les rognons en éliminant le gras et les parties dures. Émincer à l'aide d'un couteau bien aiguisé.
- Mettre une casserole d'eau à bouillir et y plonger les rognons pour ôter l'amertume.
- Faire chauffer l'huile et faire sauter la moitié des rognons avec 1 cuillerée à café d'ail et 1/2 cuillerée à café de paprika.
- Faire cuire à feu vif, en remuant pour empêcher l'ail de brûler.
- Une fois les rognons cuits, les passer au mixeur. Réserver.
- Dans la même poêle, faire revenir les oignons.
- Mettre le reste des rognons dans la poêle avec le reste d'ail et de paprika. Ajouter le xérès et le bouillon de poulet. Porter à ébullition.
- Diminuer le feu, ajouter les rognons réduits en purée, mélanger et laisser mijoter pendant 5 minutes, jusqu'à ce que les rognons soient tendres. Assaisonner et servir avec du persil haché et du pain.

Ris de veau à l'ail et à l'huile d'olive

INGRÉDIENTS

1 kg de ris de veau
60 ml d'huile d'olive
50 g de beurre
Sel et poivre
2 cuil. à café d'ail écrasé
1 cuil. à soupe de coriandre ou de persil haché

PRÉPARATION

- Préparer les ris de veau : laver, blanchir à l'eau bouillante pendant 2 minutes, laisser refroidir sous le robinet d'eau froide et éliminer les morceaux gras et tendineux.
- Ôter la peau membraneuse en détachant les morceaux.
- Faire chauffer l'huile et le beurre dans une poêle.
- Mettre les ris de veau en remuant. Assaisonner et continuer à remuer sur le feu pendant 5 minutes.
- Ajouter l'ail et mélanger. Laisser cuire 2 minutes supplémentaires.
- Ajouter les aromates.
- Verser dans un plat chaud et servir.

Porc à l'orange

INGRÉDIENTS

50 g de beurre ou d'huile d'olive
1 petit oignon finement émincé
750 g de filet de porc, coupé en morceaux de 2,5 cm
Le zeste râpé de 2 oranges
Le jus de 3 oranges
1/3 l de bouillon de poulet (voir Recettes de base)
2 piments verts hachés
1 cuil. à café d'ail écrasé
1 cuil. à soupe de coriandre ou de persil haché
2 cuil. à café de Maïzena
1 cuil. à soupe d'eau froide
Sel et poivre noir

PRÉPARATION

- Dans une grande sauteuse, faire chauffer l'huile ou le beurre.
- Faire sauter l'oignon jusqu'à ce qu'il dore et retirer de la sauteuse.
- Mettre le porc dans la sauteuse et le faire cuire en remuant, de façon qu'il soit doré sur toutes ses faces.
- Mélanger le zeste d'orange, le jus d'orange, le bouillon, le piment, l'ail et le coriandre ou persil, puis verser sur le porc.
- Porter à ébullition et ajouter les oignons. Laisser mijoter pendant 10 minutes.
- Mélanger la Maïzena à l'eau et ajouter à la sauce pour l'épaissir. Mélanger, assaisonner puis verser sur la viande.

Potage Caldo Gallego

Cette tapa constitue une agréable soupe hivernale.

Ingrédients

50 g de beurre
1 oignon haché
500 g de bacon, jambon ou jarret de porc
1/2 cuil. à café d'ail écrasé
1 chou vert bien pommé (plutôt petit), émincé
750 g de pommes de terre pelées et coupées en morceaux
2 l d'eau
Poivre noir fraîchement moulu

Préparation

N.B. : Si vous utilisez du jarret de porc, le laisser d'abord mijoter 1 heure et demie.

- Dans une grande casserole, faire fondre le beurre.
- Ajouter l'oignon et le faire fondre à feu doux. Ajouter le bacon et l'ail.
- Ajouter le chou et les pommes de terre puis couvrir pendant 5 minutes.
- Arroser d'eau. A ce stade, ajouter le jarret de porc (ou le jambon cuit).
- Retirer le couvercle et saupoudrer généreusement de poivre.
- Laisser mijoter pendant 1 heure. Le potage doit être épais ; s'il est trop liquide, retirer la moitié du chou et des pommes de terre et les réduire en purée avant de les remettre dans le potage.
- Assaisonner et servir dans des assiettes creuses, accompagné de pain frais.

Chorizo cuit

Cette délicieuse saucisse épicée est maintenant disponible dans un grand nombre de supermarchés et épiceries. Elle figure dans tous les assortiments de tapas.

Préparation

- Couper le chorizo en rondelles, le mettre à four chaud (250 °C, th. 9) jusqu'à ce qu'il commence à brunir sur les bords. Servir avec du pain.

INDEX